Die Konkursverbrechen

nach dem Gegenentwurf

verglichen mit dem geltenden Recht.

Von

Dr. Gerhard Clarus,

Syndikus der Handelskammer in Regensburg.

1914.

München, Berlin und Leipzig.

J. Schweitzer Verlag (Arhur Sellier).

Dr. F. P. Datterer & Cie., (Inh. Arthur Sellier) München und Freising.

Inhalts-Verzeichnis.

Literaturverzeichnis

(zugleich Erklärung der Abkürzungen).

Gegenentwurf zum Vorentwurf eines deutschen Strafgesetzbuchs: D. Dr. W. Kahl-Berlin, Dr. K. von Lilienthal-Heidelberg, Dr. F. v. Liszt-Berlin, Dr. J. Goldschmidt-Berlin. (GE.)

Vorentwurf zu einem deutschen Strafgesetzbuch. Bearbeitet von der hiezu bestellten Sachverständigenkommission. (VE.)

Binding, Lehrbuch des gemeinen deutschen Strafrechts. 2. Aufl. (Binding, LB.)

Historische und dogmatische Darstellung des strafbaren Bankerotts. Von Karl Neumeyer. München 1891. (Neumeyer.)

Lehrbuch des deutschen Strafrechts von Meyer-Allfeld. 7. Aufl. (Meyer-Allfeld.)

v. Liszt, Lehrbuch des deutschen Strafrechts. 19. Aufl. (v. Liszt.)

Vergleichende Darstellung des deutschen und ausländischen Strafrechts, Besonderer Teil, VIII. Bd. (Wach.)

R. Frank, Strafgesetzbuch für das Deutsche Reich. 8.—10. Aufl., 2. Abdruck. (Frank.)

Olshausen, Kommentar zum Strafgesetzbuch für das Deutsche Reich. 9. Aufl., nebst einem Anhang, enthaltend die Strafbestimmungen der Konkursordnung von Oberreichsanwalt Dr. A. Zweigert. (Olshausen bzw. Zweigert.)

Daude, Strafgesetzbuch. 9. Aufl. (Daude.)

Dr. J. Harburger, Konkursordnung. 2. Aufl. (Harburger.)

Sydow-Busch, Konkursordnung. 10. Aufl. (Sydow-Busch.)

Entscheidungen des Reichsgerichts in Strafsachen. (RGE.)

Rechtsprechung des Reichsgerichts in Strafsachen. (R.)

Goltdammer, Archiv für Strafrecht. (G.)

Deutsche Richterzeitung. (DRZ.)

Einleitung.

In dem der öffentlichen Beurteilung unterbreiteten Vorentwurf zu einem deutschen Strafgesetzbuch ist dem von verschiedenen Seiten geäußerten Wunsch auf Einarbeitung der sogenannten Nebengesetze keine Rechnung getragen. Die Verfasser des Vorentwurfs haben sich vielmehr im Hinblick auf den außerordentlich großen Umfang der reichsgesetzlichen Nebengesetze strafrechtlichen Inhalts darauf beschränkt, nur einige wenige Nebengesetze rein strafrechtlicher Natur dem Entwurf einzuverleiben. Nicht einbezogen sind insbesondere auch die Strafbestimmungen über den Bankerott. Zur Begründung dieses Standpunktes wird angeführt, es könne nicht zweifelhaft sein, daß in das Strafgesetzbuch die Konkursordnung als Ganzes nicht hineingehöre. Sie durch Übernahme der gegen das Konkursrecht gerichteten Strafbestimmungen zu zerreißen, erscheine aber nicht angemessen, zumal diese erst vor kurzem revidiert worden seien und einer Neuordnung zurzeit nicht bedürften.[1])

Es kann völlig dahingestellt bleiben, ob und inwieweit im allgemeinen dem Verlangen nach Einarbeitung der strafrechtlichen Nebengesetze in dem Sinne, daß sie entweder in das neue Strafgesetzbuch einbezogen oder doch mit seinen Grundzügen in Einklang gebracht werden, entsprochen werden soll. Die Ansicht der Verfasser des VE., daß es vorzuziehen sei, sich vorerst auf die Schöpfung eines neuen StGB. zu beschränken, damit die Erfüllung dieser an sich nicht leichten Aufgabe nicht durch übermäßige Erweiterung des Arbeitsfeldes auf das äußerste erschwert werde, hat manches für sich. Für das Gebiet des Konkursstrafrechts aber sollten diese Bedenken auf alle Fälle zurückgestellt werden; denn es lassen sich dafür, daß bei dem Konkursstrafrecht eine Ausnahme gemacht und dieses gleichzeitig mit dem allgemeinen Strafgesetzbuch einer Neubearbeitung unterzogen wird, gewichtige besondere Gründe anführen. Einmal waren die Bankerottdelikte früher schon in das Strafgesetzbuch einbezogen; sie sind aus diesem erst mit Inkrafttreten der KO. (1. Oktober 1879) herausgenommen worden. Ihre Wiedereingliederung in das Strafgesetzbuch ist „um so mehr geboten, als der VE. mit gutem Recht in § 293 den § 288 StGB., die Vollstreckungsvereitelung aufrecht erhalten hat: ebensowenig, wie man ernsthaft in Erwägung ziehen könnte, diese Bestimmung in die

[1]) Einleitung zu der dem VE. beigegebenen Begründung S. VI, VII.

ZPO. zu verpflanzen, ebensowenig ist es gerechtfertigt, die Vereitelung der Generalexekution in der Konkursordnung zu belassen."[2]) Hinzukommt, daß unser geltendes Konkursstrafrecht in hohem Grad reformbedürftig ist. Die vernichtende Kritik, die ihm in der vergleichenden Darstellung des deutschen und ausländischen Strafrechts, bes. Teil Bd. VIII, Geheimrat Prof. Dr. Wach zuteil werden läßt, ist in der Hauptsache durchaus begründet. Wie angesichts dieser Kritik die Verfasser des VE. behaupten können, daß die strafrechtlichen Vorschriften der KO. zurzeit einer Neuordnung nicht bedürften, ist nicht ohne weiteres erfindlich.

Der Aufgabe dieser Neubearbeitung haben sich die Verfasser des Entwurfs eines Deutschen Strafgesetzbuchs unterzogen, der unter der Bezeichnung „Gegenentwurf" der Öffentlichkeit übergeben wurde.[3]) Den Wach'schen Vorschlägen trägt dieser GE. zu einem großen Teile Rechnung. Aufgabe der folgenden Untersuchung soll es sein, zu zeigen, in welcher Weise dies geschehen ist, und die Motive aufzudecken, die für die vom GE. vorgeschlagene Formulierung der strafbaren Tatbestände maßgebend waren. Ob dies in allen Fällen gelingen wird, erscheint fraglich, weil die dem GE. beigegebene Begründung vielfach zu knapp gehalten ist, um diese Motive ohne weiteres erkennen zu lassen; insofern müssen dann eben die eigenen Anschauungen des Verfassers aushelfen.

Selbstverständlich dürfte es sein, daß man zu einer richtigen Würdigung der Konkursverbrechen nach dem GE. nur dann gelangt, wenn man sie in Vergleich zum geltenden Konkursstrafrecht setzt und zu diesem Zweck die leitenden Gesichtspunkte des GE. denjenigen, von denen unser geltendes Recht beherrscht wird, gegenüberstellt, während anderseits eine erschöpfende Einzeldarstellung der heutigen Konkursverbrechen nicht erforderlich sein dürfte. Auch die Besprechung des GE. soll sich auf seine leitenden Gesichtspunkte beschränken, auf Einzelheiten nur insoweit eingegangen werden, als es zum Verständnis des Ganzen nötig erscheint. Die zutreffendste Begründung des GE. einerseits, Kritik des geltenden Rechts anderseits findet sich in der bereits erwähnten ausgezeichneten Wach'schen Abhandlung über „Bankerutt und die verwandten Delikte". Wenn es dem Verfasser dieser Arbeit gleichwohl gelungen sein sollte, noch in etwas zur Klärung der ganzen schwierigen Frage der Reform unseres Konkursstrafrechts beizutragen, so würde damit ihr Zweck vollkommen erreicht sein.

---

[2]) Vorschläge für die Einarbeitung der Nebengesetze in das StGB.; Denkschrift Dr. Kriegsmann-Kiel, Anlage zur Begr. des GE. S. 380.

[3]) Verfasser dieses GE. sind: D. Dr. W. Kahl-Berlin, Dr. K. von Lilienthal-Heidelberg, Dr. F. von Liszt-Berlin, Dr. J. Goldschmidt-Berlin.

§ 1. Gegenstand des Angriffs.

I. In Wissenschaft und Rechtsprechung herrscht heute so ziemlich Übereinstimmung darüber, daß das Wesen des strafwürdigen Bankbruchs nicht in der schuldhaften Verursachung der Zahlungsfähigkeit, sondern in dem schuldhaften Angriff auf die Forderungsrechte der Gläubiger durch Vereitelung oder Verkümmerung ihrer Befriedigungsmöglichkeit besteht.[1]) Allerdings weist die Benennung des Delikts „Bankbruch" auf einen kausalen Zusammenhang zwischen Bankerotthandlung und Zahlungsunfähigkeit hin. Zuzugeben ist ferner, daß eine Reihe älterer deutscher Partikulargesetzgebungen, teilweise auch noch in Kraft befindliche Auslandsgesetze,[2]) diesen Kausalzusammenhang fordern. Im geltenden deutschen Konkursstrafrecht wird er aber nicht verlangt. Wie schon die Motive zum Strafgesetzbuch, in dem ja bis zum Inkrafttreten der KO. die Bestimmungen über strafbaren Bankerott enthalten waren, hervorheben, ist vielmehr die Zahlungseinstellung lediglich der Umstand, „von dessen Vorhandensein die Anwendung der Vorschriften des vorliegenden Abschnitts abhängt". Auch die Rechtsprechung des RG. hat stets betont, daß das geltende Recht von der Forderung eines ursächlichen Zusammenhangs zwischen dem deliktischen Tun und der Tatsache der Zahlungseinstellung oder Konkurseröffnung mit Bewußtsein absieht.[3])

Häufig genug wird es ja vorkommen, daß die Handlung des Schuldners die Zahlungsunfähigkeit mitverursacht, zum mindesten ist dies bei fahrlässiger Begehung sehr wohl denkbar. Auf der anderen Seite aber ist es sicherlich richtig, daß die „absichtliche Herbeiführung der Zahlungsunfähigkeit die Handlung eines Wahnsinnigen, nicht die eines Verbrechers" ist (Neumeyer S. 122). Es erhellt daraus ohne weiteres, daß es eine Reihe von Fällen geben muß, in denen die nach §§ 239 ff. strafbare Handlung nicht die Ursache der Zahlungsunfähigkeit und trotzdem die Bestrafung wegen Bankbruchs durchaus am Platze ist. Beispielsweise wird dies dann der Fall sein, wenn die Zahlungseinstellung gar nicht in der Vermögenslage des Schuldners begründet ist, sondern von diesem lediglich fingiert wird, um die Gläubiger zu schädigen oder

---

[1]) S. u. a. von Liszt, § 137 II S. 465; Meyer-Allfeld, § 104 I S. 532; Wach, VD. 8 S. 97; Zweigert, § 239 KO. N. 5 S. 1535 ff. A. A. u. a. Neumeyer, S. 154 für den einfachen Bankbruch.

[2]) S. u. a. §§ 199 f. des österr. StGB. vom 27. Mai 1852.

[3]) RGE. 6, 97; 6, 393; 13, 354; 16, 277; ähnlich auch 30, 262.

für sich einen Vorteil herauszuschlagen[4]) oder auch: der Schuldner sieht seinen Vermögenszusammenbruch als unabwendbar voraus, durch Verschleuderung von Waren, die er auf Kredit gekauft hat, sucht er ihn noch hinauszuschieben oder durch Beseitigung von Vermögensstücken für sich und die Seinigen zu retten, was zu retten ist. Nahezu allgemein wird schließlich anerkannt, daß Zahlungseinstellung und Konkurseröffnung in vielen Fällen auch der Straftat vorausgehen können: der Schuldner vernichtet seine Geschäftsbücher erst nach Eröffnung des Konkurses oder zwischen Zahlungseinstellung und Konkurseröffnung. Endlich fällt ins Gewicht, daß auch da, wo die Handlung der Zahlungseinstellung vorausgegangen und letztere in der Vermögenslage begründet war, der Nachweis eines ursächlichen Zusammenhangs zwischen Bankerotthandlung und Konkurseröffnung oft sehr schwer zu führen sein wird.

II. Trägt sohin das geltende Recht der von der Wissenschaft erhobenen negativen Forderung, daß ein Kausalzusammenhang zwischen Straftat und Konkurseröffnung nicht verlangt werden dürfe, Rechnung, so ist die positive Forderung, wonach das Wesen der Bankerottdelikte in dem schuldhaften Angriff auf die Gläubigerrechte zu erblicken sei, in unserem geltenden Konkursstrafrecht nur recht unvollkommen verwirklicht. Daß die Tat eine Schädigung der Gläubiger zur Folge haben müsse, wird nur in § 10 DepotG. verlangt;[5]) im übrigen aber ist eine richterliche Feststellung des Inhalts, daß die Gläubiger durch die Tat geschädigt sind, nirgends vorgeschrieben. Selbst in § 239 KO., dem schwersten Fall der Konkursverbrechen, wird die Absicht der Gläubigerbenachteiligung für genügend erklärt. Eine Bestrafung wegen betrüglichen Bankerotts kann sohin auch dann erfolgen, wenn die Gläubiger in Wirklichkeit nicht benachteiligt sind.

Gleichwohl wird man die Meinung als richtig anerkennen müssen, daß nicht nur in der einschlägigen Vorschrift des Depotgesetzes, sondern auch in den §§ 239 ff. KO. die Benachteiligung oder doch Gefährdung (objektiv!) der Gläubiger durch die Bankerotthandlung mit Strafe bedroht ist. Nur ist dies nicht in dem Sinn zu verstehen, daß in jedem einzelnen Fall die Gläubigerbenachteiligung durch den Richter festgestellt werden müßte. Der Nachweis der Benachteiligung oder doch Gefährdung der Gläubigerinteressen hat vielmehr als erbracht zu gelten, wenn Zahlungseinstellung oder Konkurseröffnung erfolgt ist; oder was dasselbe ist: „der Gesetzgeber schneidet die Erörterung der Frage, ob im Einzel-

[4]) Hiergegen läßt sich allerdings einwenden, daß in diesem Fall der Vorsatz des Täters zwar nicht auf die Verursachung der Zahlungsunfähigkeit, wohl aber die des (Schein)-Bankerotts gerichtet sei.

[5]) §§ 5, 6 des Gesetzes über die Sicherung der Bauforderungen verlangt zwar, daß die Baugläubiger benachteiligt sein müssen, aber doch nicht, daß die mit Strafe bedrohte Handlung diese benachteiligende Wirkung gehabt haben muß.

fall eine Verletzung oder Gefährdung der Gläubiger stattgefunden hat, ein für allemal ab. Er nimmt sie ohne weiteres als gegeben an, wenn jene Tatsache eingetreten ist.“[6]) Allerdings ergibt der Wortlaut des § 239 KO., daß der Benachteiligungserfolg nicht zum Tatbestand gehört; eine erhebliche Gefährdung der Gläubigerinteressen aber hat die darin mit Strafe bedrohte Handlung, wenigstens nach Ansicht des Gesetzgebers wohl immer im Gefolge. Auch im Fall des § 241 KO. (Gläubigerbegünstigung) richtet sich der Angriff gegen die Rechte der Gläubiger, und zwar der Gläubigermehrheit. Die Begünstigung eines Gläubigers vor den übrigen schließt die Benachteiligung der letzteren in sich ein und läßt die Gläubigerbegünstigung erst aus diesem Grunde strafwürdig erscheinen. Schließlich ist das gleiche auch von der Schuldnerbegünstigung des § 242 KO. zu sagen, denn ob der Schuldner selbst Vermögensstücke beseitigt, erdichtete Forderungen aufstellt, oder ob dies in seinem Interesse ein Dritter unternimmt, ist gleichgültig: der Vorteil des Gemeinschuldners führt gleichzeitig die Benachteiligung eines Gläubigers in diesen Fällen untrennbar mit sich.

III. Zahlungseinstellung und Konkurseröffnung sind jedoch nicht nur Symptom der Gefährdung oder der Verletzung der Gläubigerrechte schlechthin, sondern Symptom für einen besonders hohen Grad dieser Gefährdung oder Verletzung. Der Angriff gegen die Gläubigerrechte ist ja nicht nur als Konkursverbrechen, sondern unter Umständen auch als Betrug, namentlich aber auch als Vollstreckungsvereitelung mit Strafe bedroht. Nicht nur die Zahlungseinstellung oder Konkurseröffnung, sondern auch eine fruchtlos betriebene Zwangsvollstreckung sind Symptome für die Gläubigerbenachteiligung; der Schutz der Gläubiger vor solcher Benachteiligung ist gemeinsames Merkmal für die Vollstreckungsvereitelung so gut wie für die Konkursverbrechen. Die gesonderte Behandlung der letzteren findet ihre Rechtfertigung erst in der erhöhten Gefahr, die in dem Vermögensverfall und der Konkurseröffnung und zwar nicht nur für die einzelnen Gläubiger, sondern für die Gläubigergesamtheit verbunden ist. Der von verschiedenen Seiten geäußerten Anschauung, daß bei entsprechender Umgestaltung des Verkürzungsvergehens des § 288 StGB. von einer gesonderten Behandlung der Konkursverbrechen Umgang genommen werden sollte,[7]) kann sohin nicht beigepflichtet werden.

Sehr fraglich erscheint dagegen, ob es außer Zahlungseinstellung und Konkurseröffnung nicht noch andere Symptome für eine gleich starke Gefährdung oder Schädigung der Gläubigerrechte gibt. Den Verfassern des GE. ist vielmehr darin zuzustimmen, daß der Zahlungseinstellung und Konkurseröffnung die Ablehnung

[6]) von Liszt, § 137 II 2 S. 466; Frank, § 239 KO. I S. 665; Meyer-Allfeld, § 104 S. 532 Anm. 3.

[7]) So von OLGRat Riehl, Deutsche Richterzeitung Nr. 1/1911 S. 17; dagegen insbesondere Wach S. 97 oben.

des Antrags auf Konkurseröffnung und weiter auch der außergerichtliche Vergleich gleichzuachten ist (§ 314 Abs. 4 GE.). Denn nicht in allen Fällen, in denen ein Antrag auf Konkurseröffnung mangels ausreichender Masse abgelehnt oder ein außergerichtlicher Vergleich geschlossen wird, muß auch immer Zahlungseinstellung vorliegen. Außergerichtlicher Vergleich wird den Gläubigern oft gerade zur Vermeidung der Zahlungseinstellung oder der Konkurseröffnung angeboten. Die Rechtsprechung hat zwar versucht, den Mängeln des geltenden Rechts durch eine ausdehnende Interpretation des Gesetzes abzuhelfen. So soll in der von einem Schuldner an seine Gläubiger unter Akkordanerbieten gerichteten Erklä-klärung, daß er seine Verbindlichkeiten nicht mehr erfüllen könne, eine Zahlungseinstellung im Sinne des Gesetzes gefunden werden. Auch soll die Tatsache der Zahlungseinstellung dadurch allein nicht schlechthin beseitigt werden, daß der Schuldner noch kurz vor dem Ausbruch des Konkurses einzelne Gläubiger in barem Geld abfindet oder sein Geschäft mit Hilfe der täglichen Einnahmen fortbetreibt. Es ist aber offensichtlich, daß durch diese ausdehnende Gesetzesauslegung durchaus nicht alle strafwürdigen Fälle gedeckt werden.

IV. Im Hinblick auf die Bedeutung, welche der Konkurseröffnung und der ihr gleichzuerachtenden Tatsachen als Symptom für einen besonders hohen Grad der Gläubigerbenachteiligung bzw. Gefährdung zukommt, im Hinblick darauf ferner, daß von dem Vorhandensein dieses Symptoms die Anwendung der schärferen Strafbestimmung abhängt, muß nun aber mit besonderem Nachdruck verlangt werden, daß dieses Symptom auch immer zutrifft. Es ist ja selbstverständlich, daß die Gläubiger durch den Konkurs ihres Schuldners immer geschädigt sind, wenn man von den wenigen Fällen absieht, in denen die Konkurseröffnung zu Irrtum erfolgte, wo also hinreichende Mittel des Schuldners zur Befriedigung seiner Gläubiger vorhanden waren. Durchaus nicht selbstverständlich aber ist es, daß nun die mit Strafe bedrohte Bankerotthandlung diese schädigende Wirkung hat, wenn ja, ob sie zu einer Verminderung des dem Konkursverfahren unterliegenden Vermö-mögens des Gemeinschuldners bzw. Verdunklung seines Vermögensstandes geführt hat, die auch im Zeitpunkt der Konkurseröffnung noch fortbesteht. Um nur ein Beispiel anzuführen: die bei Spiel und Wette entstandenen Verluste können durch nachträgliche glückliche Spekulation wieder ausgeglichen, mangelhaft geführte Bücher wieder in Ordnung gebracht worden sein.[8])

Als einigermaßen zuverlässiges Anzeichen dafür, daß die mit Strafe bedrohte Handlung des Schuldners die Gläubigerrechte in besonders hohem Maße gefährdet oder verletzt, kann die Eröffnung des Konkurses usw. nur dann angesehen werden, wenn zwischen

[8]) Weitere Beispiele s. bei Wach a. a. O. S. 64.

dem strafbaren Tun und der Konkurseröffnung ein Zusammenhang besteht.[9]) Mit Wach (S. 70) wird man annehmen müssen, daß dieser Zusammenhang nach geltendem deutschen Recht, zum wenigsten wenn man sich an den Wortlaut des Gesetzes hält, nur ein rein äußerlicher, zeitlicher ist. Der Bankbruch muß entweder der mit Strafe bedrohten Handlung nachfolgen oder ihr vorausgehen, dann allerdings noch im Augenblick der Tatbegehung vorhanden sein. Sind die Zahlungen wieder aufgenommen oder das Konkursverfahren beendet, so kann der Schuldner wegen der nach diesem Zeitpunkt begangenen Bankbruchhandlung nicht zur Verantwortung gezogen werden, es sei denn, daß er später wieder in Konkurs gerät.[10])

In Rechtsprechung und Literatur ist anerkannt, daß es zu wenig befriedigenden Ergebnissen und erheblichen Ungerechtigkeiten führt, wenn man sich mit einem derartigen rein äußerlichen Zusammenhang begnügt. Denn danach macht es keinen Unterschied aus, ob die mit Strafe bedrohte Handlung dem Bankbruch beliebig lang vorausgeht, ob ihre Wirkungen zurzeit der Konkurseröffnung noch andauern. Rechtsprechung und Literatur haben sich bemüht, durch möglichst weitherzige Gesetzesinterpretation diese Unbilligkeit auszugleichen. Insonderheit ist von der reichsgerichtlichen Rechtsprechung das Erfordernis nicht nur dieses losen äußeren Zusammenhangs, sondern auch eines inneren Zusammenhangs, und zwar sowohl nach der objektiven als vereinzelt auch nach der subjektiven Seite hin aufgestellt worden. Darüber, worin nun aber dieser innere Zusammenhang bestehen müsse, gehen die Meinungen sehr auseinander. Abzulehnen dürfte die Ansicht Bindings (Lb. 1, 427 f.) sein, wonach er in der Person des Täters liegen soll; denn „wer einmal fallit war, kann später straflos und selbständig strafbar Bankerotthandlungen begehen" (Wach S. 70). Auch der Ansicht Franks (§ 239, VI S. 671), daß Zahlungseinstellung und Konkurseröffnung die Bedeutung einer Benachteiligungspräsumption

---

[9]) Es spielt hier die Frage herein, ob Zahlungseinstellung und Konkurseröffnung als Bedingung der Strafbarkeit oder als Tatbestandsmerkmal zu bezeichnen ist. Die Frage gehört zu den am meisten bestrittenen des gesamten Konkursstrafrechts. Ihre Beantwortung ist von nicht zu unterschätzender Bedeutung für Zeit und Ort der Begangenschaft und für den Versuch. In der Richtung, welcher Zusammenhang zwischen Bankbruchhandlung und Zahlungseinstellung besteht, ist sie aber doch nur für die Vertreter derjenigen Ansicht von Belang, die die Zahlungseinstellung nicht nur objektives sondern auch subjektives Tatbestandsmerkmal nennen, die m. a. Worten verlangen, daß sich das Verschulden des Täters auch auf Zahlungseinstellung und Konkurseröffnung miterstrecken müsse, daß der Täter in Voraussicht des Bankbruchs, im Hinblick auf ihn, im Bewußtsein einer Beziehung der Bankbruchhandlung zu der Vermögenslage, welche den Bankbruch im Gefolge hat, handelt. Von diesem Gesichtspunkt aus wird auf die Streitfrage auch in diesem Abschnitt noch eingegangen werden.

[10]) Auch das ergibt der Wortlaut des Gesetzes übrigens nicht ohne weiteres.

nur hinsichtlich der zurzeit vorhandenen Gläubiger haben können, wird nicht zuzustimmen sein, denn es ist wohl sicher, „daß die Gläubiger zurzeit der Handlung des § 239 Nr. 1 und 2 andere sein können als die Konkursgläubiger" (Wach S. 70 Anm. 2). Andererseits entspricht es allerdings gewiß der Billigkeit, wenn der Schuldner, der nach Beendigung des Konkursverfahrens seine Geschäftsbücher beiseite schafft, an die sich kein Interesse der Gläubiger dieses Konkurses mehr knüpft, wegen Konkursverbrechens nicht bestraft werden kann. Nach Ansicht des Reichsgerichts entfällt in solchem Fall die Strafbarkeit einfach deshalb, weil keine Beziehungen zwischen der Bankbruchhandlung und dem vorausgegangenen Bankbruch bestehen.[11])

Aber worin nun eigentlich diese Beziehung bestehen müsse, bleibt unentschieden. Als nichtgegeben hat sie das Reichsgericht auch in den Fällen bezeichnet, in denen z. B. die beiseitegeschafften Vermögensstücke nicht aus dem Vermögen herrühren, das von den Gläubigern zu ihrer Befriedigung in Anspruch genommen wird.[12]) Ebenso dann, wenn der durch die unordentliche Buchführung herbeigeführte Mangel der Übersicht des Vermögensstandes mit der Zahlungseinstellung zeitlich nicht zusammenfällt, so daß also Fehler in der Buchführung aus früheren Jahren ihre strafrechtliche Bedeutung verlieren, wenn sie später beseitigt werden und dadurch im Augenblick der Zahlungseinstellung oder der Konkurseröffnung die Übersicht über den Vermögensstand nicht mehr hindern.[13]) Auch dann soll die notwendige Beziehung nicht vorhanden sein, wenn die in dem früheren kaufmännischen Gewerbebetrieb eingegangenen Verbindlichkeiten zurzeit der Konkurseröffnung bereits ihre vollständige Lösung gefunden haben.[14])

Während in diesen und anderen Entscheidungen der Oberste Deutsche Gerichtshof nur eine objektive Beziehung zwischen der Straftat und der Zahlungseinstellung verlangt, hat er in einer Entscheidung vom 2. Juli 1895 (E. 27, 316) auch eine subjektive Beziehung für notwendig erklärt.[15]) Es ist zweifellos, daß das Reichsgericht mit dieser Entscheidung den Boden des geltenden Rechts verlassen hat, wie dies in einem Urteil aus jüngster Zeit (E. 45, 88) auch unumwunden zugestanden wird.

V. Diese Rechtsunsicherheit nach Möglichkeit zu beseitigen haben sich die Verfasser des Gegenentwurfs angelegen sein lassen,

---

[11]) E. 5, 415; 9, 134; R. 8, 451.

[12]) Urteil vom 29. Januar 1900, G. 47, 158.

[13]) E. 39, 165; 5, 415.

[14]) JW. 1903 S. 326 Nr. 9.

[15]) Die genannte Entscheidung verlangt neben der jederzeit erforderlichen objektiven Beziehung der Bankerotthandlung zur Zahlungseinstellung „auch die Erkenntnis, daß solche Beziehung bestehe", daß also die Erkenntnis „ein Element des Vorsatzes bilden, ein Handeln in dem Bewußtsein vorliegen muß", daß der Bankerotthandlung eine Zahlungseinstellung (Konkurseröffnung) vorangegangen sei oder in einem Zeitpunkt, der jene Beziehung noch zuläßt, nachfolgen werde".

indem sie die Benachteiligung der Gläubiger im Sinne von Verletzung ihrer Rechte zum Tatbestandsmerkmal erheben. Zahlungseinstellung und Konkurseröffnung sind auch nach dem GE. nicht Tatbestandsmerkmale sondern Strafbarkeitsbedingung. Die Schuldner werden bestraft, wenn über ihr Vermögen das Konkursverfahren eröffnet ist. Trotzdem ist in objektiver Beziehung der Zusammenhang zwischen Bankbruchhandlung und Zahlungseinstellung vollkommen hergestellt. Soll im Falle der Konkurseröffnung die Strafe verwirkt sein, so muß in diesem Zeitpunkt der gesamte strafbare Tatbestand erfüllt, also nicht nur Vermögensstücke beseitigt, erdichtete Forderungen aufgestellt, sondern die Wirkung dieser Handlung in der Benachteiligung der Gläubiger noch verspürbar sein.

Eine Ausnahme davon, daß die mit Strafe bedrohte Handlung die Gläubiger benachteiligt haben muß, besteht nur bei den sogenannten „Buchdelikten" im Sinne der §§ 239 und 240 Ziff. 3 und 4 KO. Diese Ausnahme ist begründet: denn die dort bezeichneten Handlungen werden zwar auch ausnahmslos Mittel zum Zweck der Gläubigerbenachteiligung sein, objektiv aber stellen sie sich als Gefährdungs- nicht als Verletzungsdelikte dar. Die Verdunklung des Vermögensstandes, welchen die Außerachtlassung der Buchführungs- bzw. Aufbewahrungspflicht erzielt, ist zwar geeignet, die Gläubiger über die Vermögenslage irrezuführen, eine Schädigung muß sie aber doch deshalb ihrer Natur nach nicht zur Folge haben. Da nun aber ebenso wie die Gläubigerbenachteiligung auch die Verdunkelung des Vermögensstandes als dauernder Erfolg der strafbaren Handlung zur Zeit der Konkurseröffnung noch fortbestehen muß, so ist auch für die Buchdelikte der notwendige Zusammenhang zwischen Bankbruchhandlung und Konkurs gewahrt.[16])

Der Richter sieht sich allerdings auf diese Weise in die Notwendigkeit versetzt, in jedem Einzelfall festzustellen, daß die Handlung des Schuldners die Gläubiger wirklich benachteiligt, den Vermögensstand wirklich verdunkelt hat. Besondere Schwierigkeiten wird ihm diese Feststellung aber doch nur selten bereiten.[17]) Daß derjenige Schuldner, der aus irgendwelchen von ihm unabhängigen Gründen seine Handlung nicht zum Ziele führen kann, seine Gläubiger also tatsächlich nicht benachteiligt, z. B. weil die von ihm fingierten Schulden oder Rechtsgeschäfte schon vor der Zahlungs-

---

[16]) Anzuerkennen ist, daß dieser Zusammenhang zum Teil doch auch schon nach geltendem Recht besteht und zwar insoweit, als im Tatbestand des § 239 Ziff. 4 KO. und dem entsprechenden Teil des Tatbestands des § 240 Ziff. 3 KO. die Folge der mangelhaften Buchführung in der Unübersichtlichkeit des Vermögensstandes zutage treten muß. Naturgemäß ist auch die Unübersichtlichkeit des Vermögensstandes eine Verdunklung desselben, so daß in dieser Beziehung die weiter vorn erwähnte reichsgerichtliche Rechtsprechung, welche fordert, daß die Unübersichtlichkeit zur Zeit der Konkurseröffnung fortbestehen müsse, in der Sache selbst begründet erscheint.

[17]) Vgl. Riehl a. a. O. S. 19.

einstellung als solche erkannt und erfolgreich angefochten sind, nicht wegen vollendeten Verbrechens verurteilt werden kann, ist von geringerer Bedeutung, da ja der GE. auch den Versuch in jedem Fall für strafbar erklärt. (Siehe hierüber unter § 6.)

Leider sind aber mit der von den Verfassern des GE. vorgeschlagenen Gesetzesänderung doch nicht alle Schwierigkeiten aus dem Wege geräumt; weshalb die im Bankbruch und den diesem gleichzustellenden Ereignissen zutage tretende Schädigung der Gläubiger schwerer bestraft wird, wie die Gläubigerschädigung im Falle der Spezialexekution oder, was dasselbe ist, weshalb dem Schuldner die straferhöhende Wirkung des Bankbruchs zugerechnet werden darf, kommt im GE. nicht zum Ausdruck. Es fehlt an einem Zusammenhang zwischen Bankbruchhandlung und Bankbruch in subjektiver Beziehung. Der Forderung Wach's, daß der Angriffswille des Täters die Verminderung des Vermögensstandes angesichts vorhandenen oder zu erwartenden Konkurses ergreifen oder der nur auf die objektive Angriffshandlung gerichtete Angriffswille mit der Vorstellbarkeit ihrer konkursmäßig schädlichen Eigenschaft und Wirkung verbunden sein müsse, ist keine Rechnung getragen. Gerade diese subjektive Beziehung zwischen Bankbruchhandlung und Bankbruch läßt aber die gesonderte Behandlung der Konkursverbrechen, wie wir gesehen haben, erst gerechtfertigt erscheinen. Fehlt es an diesem Zusammenhang, so würde „Logik und Gerechtigkeit erfordern, die Handlung als solche ohne Rücksicht auf den Eintritt des Bankerutts zu bestrafen".[18])

Will man dieser von Wach aufgestellten Forderung entsprechen, so muß der Schuldner die mit Strafe bedrohte Handlung begangen haben, obwohl er seinen Vermögenszusammenbruch (Bankbruch) kannte oder kennen mußte bzw. mit der Wahrscheinlichkeit ihres Eintritts rechnete oder rechnen mußte. Die Absicht, seine Zahlungsunfähigkeit vorzutäuschen, ist dem gleichzuachten; ob auch die irrige Annahme des Vermögensverfalls, bleibe dahingestellt.[19]) Denn welches Interesse in solchem Fall die Gläubiger und mit ihnen die Allgemeinheit an einer Bestrafung des Schuldners haben, ist nicht recht ersichtlich. Daß in den Fällen, in denen trotz Zahlungsunfähigkeit des Schuldners Antrag auf Konkurseröffnung nicht gestellt wird, Zahlungseinstellung ebenfalls nicht erfolgt und auch keine Vergleichsverhandlungen gepflogen werden, eine Bestrafung wegen Konkursverbrechen nicht möglich ist, daß also auf diese Weise manche Schuldner der verdienten Strafe entgehen, bleibt auch dann noch unbefriedigend. Dadurch, daß der Zusammenhang zwischen Bankbruch und Bankbruchhandlung in subjektiver Beziehung hergestellt wird, ist aber wenigstens das eine erreicht, daß alle diejenigen Schuldner, welche dieser Strafe ver-

---

[18]) Wach S. 98, 99.
[19]) Wach S. 97 und für das geltende Recht S. 64 Anm. 2.

fallen, sie, die richtige Anwendung der Gesetzesbestimmungen vorausgesetzt, zurecht erhalten, daß niemand etwas zugerechnet wird, wofür ihn die Verantwortlichkeit nicht trifft.

Ob die nach diesen Ausführungen im Prinzip zweifellos berechtigte Forderung, den Zusammenhang zwischen Bankbruchhandlung und Zahlungseinstellung usw. auch in subjektiver Hinsicht herzustellen, verwirklicht werden kann, erscheint mir fraglich. Die Aufnahme dieser Beziehung in den Tatbestand wird dem Richter sehr erhebliche Schwierigkeiten bereiten. Besonders gilt dies von der häufig nötigen Feststellung, ob der Schuldner seinen Vermögenszusammenbruch (bzw. seine Zahlungsunfähigkeit) voraussehen mußte, m. a. Worten welches Maß von Überschuldung vorliegen muß, damit der Schuldner seine Zahlungsunfähigkeit voraussehen kann. Läßt man Bestrafung nur dann eintreten, wenn der Schuldner seine Zahlungsunfähigkeit voraussieht, kennt oder kennen muß, nicht auch voraussehen m u ß, so wird praktisch eine Bestrafung wegen Bankbruchs auf die Fälle beschränkt bleiben, in denen bei Begehung der Tat Zahlungsunfähigkeit bereits vorhanden war. Denn der Nachweis, daß der Schuldner seine Zahlungsunfähigkeit voraussieht, wird, wenn er diese Voraussicht nicht selbst zugibt, nicht zu führen sein. Um gleichwohl keine Lücke im Strafrecht eintreten zu lassen, müßte das Schwergewicht auf die strafbare Vollstreckungsvereitelung gelegt und der Tatbestand dieses Delikts entsprechend ausgebaut werden. Der GE. kann zu seinen Gunsten anführen, daß die Bestrafung, die er im Normalfall für den Bankbruch vorsieht, dieselbe ist, wie bei der Vollstreckungsvereitelung, nur daß bei letzterer außer auf Gefängnis auch auf Geldstrafe erkannt werden kann. Vielleicht ließe sich aber in der Weise helfen, daß man bei mangelnder Voraussicht des Schuldners vom bevorstehenden Vermögenszusammenbruch nur solche Handlungen straft, welche eine gewisse Zeit vor Konkurseröffnung liegen, etwa nach Analogie der §§ 31 Abs. 2 und 32 KO. ein Jahr vor Eröffnung des Verfahrens, indessen auch in solchen Fällen Straffreiheit eintreten läßt, wenn der S c h u l d n e r d e n N a c h w e i s[20]) bringen kann, daß er seinen Vermögenszusammenbruch nicht vorauszusehen vermochte.

§ 2. Schuldformen.

I. Die Fülle der nicht in der „Skrupelsucht und Konstruktionsfreudigkeit" (Wach, VD. S. 63), sondern in den Mängeln des Gesetzes selbst begründeten Zweifel und Unklarheiten, mit denen wir uns bei Besprechung des Wesens der Konkursverbrechen zu beschäftigen hatten, erstrecken sich auch auf die Schuldfrage.

[20]) Siehe hiezu auch § 148 Ges. betr. die Erwerbs- und Wirtschaftsgenossenschaften.

Strittig ist schon die Frage, ob überhaupt bei allen Konkursverbrechen (das Wort Verbrechen im weiteren Sinne gebraucht; Meyer-Allfeld S. 22 Anm. 17) Verschulden vorliegen müsse. Daraus, daß in § 240 KO. (dem Fall des einfachen Bankbruchs) die Schuldart nicht bezeichnet ist, wird und wurde namentlich früher gefolgert, daß der einfache Bankbruch zwar den allgemeinen Voraussetzungen strafrechtlicher Zurechnung unterliege, im übrigen aber von einer schuldhaften Gesinnung des Täters unabhängig sein solle. Dieser Auffassung hat sich in früheren Entscheidungen auch das Reichsgericht angeschlossen. Diesen zufolge sollte z. B. der Tatbestand des einfachen Bankbruchs objektiv nur von dem Vorhandensein der handelsgesetzlichen Verpflichtung zur Buchführung und Bilanzziehung, subjektiv nur von der Beobachtung dieser Verpflichtung abhängig sein. Das Gesetz erfordere weder eine wissentliche oder fahrlässige Pflichtverletzung, noch den Nachweis strafbarer Fahrlässigkeit (E. 5, 407). In späteren Entscheidungen (E. 13, 354) wird aber unter Preisgabe des früheren Standpunktes schuldhafte Pflichtversäumnis verlangt. Da auch nahezu die gesamte neue Literatur[1]) Verschulden bei sämtlichen Konkursverbrechen zur Erfüllung des Tatbestandes als notwendig bezeichnet, dürfte dieser Streitpunkt als erledigt zu erachten sein. Überwiegend anerkannt ist auch, daß sich das Verschulden nicht erstrecken brauche auf das Moment der Zahlungseinstellung und Konkurseröffnung und zwar teilweise auch von solchen, die in der Zahlungseinstellung und Konkurseröffnung ein Tatbestandmerkmal erblicken.[2]) Wie schon dargelegt, ist zwischen Bankrotthandlung und Konkurseröffnung weder ursächlicher noch sonstiger Zusammenhang in subjektiver Hinsicht nötig. Das Verschulden des Täters kann also nur gefordert werden für die Bankrotthandlung selbst, den strafwürdigen Erfolg dieser Handlung, bestehend in der Gläubigerbenachteiligung oder auch Begünstigung eines einzelnen Gläubigers nur, wo das Gesetz es ausdrücklich vorschreibt (§§ 239, 241 KO.). Ob sich der Schuldner, der übermäßigen Aufwand treibt, der Folgen seiner Handlungsweise für die Gläubiger bewußt war oder doch hätte bewußt sein müssen, ist für die strafrechtliche Würdigung belanglos, weil dieses Bewußtsein nach § 240 Ziff. 1 KO. nicht gefordert wird. Der Schuldner, der ohne solches Bewußtsein seiner Buchführungspflicht nicht genügt, kann zwar nicht aus § 239, wohl aber aus § 240 KO. gestraft werden.

II. Dem Grade nach ist das Verschulden entweder Fahr-

---

[1]) Abweichend anscheinend Harburger, KO. 2. Aufl. N. 1 zu § 240.

[2]) Vgl. RGE. 45, 88. Gerade hieran zeigt sich, daß mit der Kennzeichnung dieser Umstände als Tatbestandsmerkmal bzw. auch Bedingung der Strafbarkeit nicht viel gewonnen ist. Das Reichsgericht trägt kein Bedenken, den Grundsatz, daß sich das Verschulden auf sämtliche Tatbestandsmerkmale erstrecken muß, dadurch umzustoßen, daß es für Zahlungseinstellung usw. den Begriff des „objektiven Tatbestandsmerkmals" einführt.

lässigkeit oder Vorsatz. Die vom Reichsgericht in mehrfachen Entscheidungen vertretene Annahme einer von Vorsatz und Fahrlässigkeit verschiedenen dritten Schuldart des Leichtsinns oder der Leichtfertigkeit (siehe unter a. E. 14, 80) wird von den namhaftesten Vertretern der Wissenschaft mit Recht als unmöglich bezeichnet. Die schuldhafte Handlung kann zwar aus Leichtsinn entspringen; damit wird aber nur die Gesinnung gekennzeichnet, aus der heraus der Täter handelt, nicht eine Schuldart.[3])

Daß unter den Begriff des Vorsatzes auch die Absicht einzureihen ist, kann als selbstverständlich gelten. In der Absicht findet der Vorsatz nur seinen stärksten und typischen Ausdruck. Absichtlich handelt der Täter, wenn er einen bestimmten Erfolg herbeiführen will, wenn dieser das Ziel seines Handelns ist. Es genügt also nicht, wie für die Vorsätzlichkeit im allgemeinen, daß der Täter sich zwar der Wirkung seines Tuns bewußt ist, diese Wirkung aber doch nur neben dem Zweck, den die Tat verfolgt, als billigenswert erachtet oder nur in Kauf nimmt. Auch im solchen Fall will der Täter den Erfolg; denn sein Eintritt ist ihm bewußt und er ist mit ihm einverstanden, nur will er ihn nicht als das Endziel (zu vgl. auch Vorentwurf Begr. S. 204, 206). Man kann es auch so ausdrücken, daß Absicht gleichbedeutend sei mit „Beweggrund, von dem sich der Täter leiten läßt, oder Endzweck, den er verfolgt".[4])

Nach der herrschenden Lehre genügt für das Tatbestandsmerkmal der Absicht der Gläubigerbenachteiligung oder der Gläubigerbegünstigung „das Bewußtsein des Täters, es werde aus seiner Handlung eine Schädigung seiner Gläubiger entspringen, und die Aufnahme dieses Bewußtseins in seinen Willen".[5]) Letzteres ist aber nach dem eben Gesagten auch dann der Fall, wenn der Täter den Erfolg nur billigt, ohne ihn als Endzweck zu wollen.

Man wird die herrschende Lehre als die richtige anerkennen, also zugeben müssen, daß die Konkursordnung den Ausdruck „Absicht" in dem Sinn von Vorsatz gebrauchen will. In der Tat würde es zu unbefriedigenden Ergebnissen führen, wollte man den Schuldner in den zahlreichen Fällen straflos ausgehen lassen, in denen beispielsweise der Beweggrund für das Beiseiteschaffen von Vermögensstücken oder die Anerkennung erdichteter Forderungen die widerrechtliche Bereicherung seiner selbst oder eines Dritten ist, obschon sich der Täter über die schädlichen Folgen seines Tuns für die Gläubiger keinen Augenblick im Zweifel befindet. Daß hier

[3]) Wach a. a. O. S. 82; ebenso Meyer-Allfeld S. 535 Anm. 22; Liszt S. 469 Anm. 7; Zweigert N. 20 zu § 240. In neuesten Entscheidungen hat denn auch das RG. anerkannt, daß eine dritte Schuldart neben Vorsatz und Fahrlässigkeit nicht denkbar sei (E. 38, 408; 45, 88).

[4]) Liszt § 137 S. 469; Neumeyer S. 171.

[5]) Zweigert S. 1553 N. 34 Abs. 2; Meyer-Allfeld § 104 S. 535 Anm. 19; Wach S. 72; ebenso auch das Reichsgericht, obwohl es andererseits doch wieder verlangt, daß der Wille des Täters gerade auf Herbeiführung dieses Erfolges gerichtet sein müsse.

Bestrafung einzutreten habe, die Absicht der Gläubigerbenachteiligung also vorliege, heben die Motive des Strafgesetzbuchs ausdrücklich hervor.

III. Das Tatbestandsmerkmal der Absicht der Gläubigerbenachteiligung ist jedoch dann nicht erfüllt, wenn der Täter den Eintritt des Erfolgs nur als wahrscheinlich oder vollends nur als möglich ansieht. Eine Bestrafung des nur mit dolus eventualis handelnden Schuldners ist in den Fällen der §§ 239 und 241 KO. (betrüglicher Bankrott und Gläubigerbegünstigung) unmöglich und zwar gleichviel, ob dieser eventuelle Vorsatz in dem weiteren Sinne zu verstehen ist, den ihm die heutige Rechtsprechung beilegt, oder in dem engeren des Vorentwurfs, demzufolge bloß entferntere Möglichkeiten aus dem Gebiete des dolus ausgeschlossen werden (VE. § 59 Abs. 2). Handelt der Täter in dem oben gebrachten Beispiel nur in dem Bewußtsein, daß seine Handlung mit großer Wahrscheinlichkeit seine Gläubiger schädigen müsse, so kann er wegen betrüglichen Bankerotts nicht bestraft werden.[6])

Von der gewiß nicht leichten, in vielen Fällen überhaupt nicht möglichen Feststellung, ob der Schuldner die Schädigung seiner Gläubiger als bestimmt und nicht nur als sehr wahrscheinlich voraussieht, hängt es also ab, ob er eine entehrende Zuchthausstrafe erhält oder straffrei ausgeht.

Was vom betrüglichen Bankerott zu sagen ist, gilt auch von der in § 241 KO. behandelten Gläubigerbegünstigung. Das RG. hat ausdrücklich anerkannt, daß das Wort „Absicht" hier im selben Sinn gebraucht wird, wie in § 239 (E. 39, 136). Es genügt also auch hier nicht, daß der Schuldner sich die Begünstigung nur als mögliche Folge vorgestellt hat (JW. 02, 308, 14).

Wo sich der Täter den Erfolg als sicher eintretend vorstellen muß, da ist auch für den dolus eventualis mit Bezug auf einzelne Tatbestandsmerkmale kein Raum: Stellt sich der Täter ein Tatbestandsmerkmal nur als wahrscheinlich vor, so will er auch den Erfolg nicht mit Bestimmtheit. Der Schuldner, den die Strafe aus § 239 Ziff. 4 KO. treffen soll, muß mit Bestimmtheit wissen, daß die Führung seiner Geschäftsbücher keine Übersicht über seinen Vermögensstand mehr zuläßt. Rechnet er bloß mit der Wahrscheinlichkeit, daß dem so ist, so kann ihm die Absicht der Gläubigerbenachteiligung nicht nachgewiesen werden und Bestrafung nur aus § 240 Ziff. 3 erfolgen.

IV. Von selbst versteht sich, daß da, wo dolus eventualis zur Begründung der Strafbarkeit nicht ausreicht, das gleiche auch bei Fahrlässigkeit der Fall ist, also auch dann, wenn der Schuldner irrtümlicherweise ein Tatbestandsmerkmal als nicht vorhanden ansieht, während der Irrtum über Strafrechtsnormen nicht hieher gehört. Als Irrtum über das Strafgesetz

---

[6]) Weitere Beispiele siehe bei Riehl, Deutsche RZ. 1911 Nr. 2 S. 63.

ist es nach ständiger Rechtssprechung des RG. auch anzusehen, wenn ein Kaufmann über seine gesetzliche Pflicht zur Buchführung irrt, weil im Strafgesetz auf die an und für sich handelsrechtliche Bestimmung Bezug genommen und infolgedessen diese letztere Zubehörteil des Strafgesetzes wird. Denkbar ist allerdings, daß die Unkenntnis der Verpflichtung zur Buchführung auf tatsächlichen Umständen beruht, so wenn z. B. der abwesende Inhaber eines Gewerbebetriebes nichts davon weiß, daß sein Vertreter allmählich vom handwerksmäßigen zum Fabrikbetrieb übergegangen ist.[7])

Eventueller Vorsatz und Fahrlässigkeit begründen sohin die Strafbarkeit nach geltendem Recht nur im Falle des einfachen Bankbruchs. Auch das ist aber noch nicht unbestritten. Von namhafter Seite wird vielmehr auch die Möglichkeit einer fahrlässigen Begehung des einfachen Bankbruchs in Abrede gestellt. Nach dieser Ansicht[8]) soll die Gleichstellung des fahrlässigen mit dem vorsätzlichen Handeln nicht genügend begründet sein und die herrschende Lehre zu unbefriedigenden Ergebnissen führen. Wach stellt den Grundsatz auf, daß da, wo das Gesetz die Schuldart nicht bezeichne, diese immer als Vorsatz zu denken oder m. a. W. das fahrlässige Handeln nur strafbar sei, wo das Gesetz es ausdrücklich sage, oder zum wenigsten dem Zusammenhang nach ersichtlich wolle. Im Interesse der Vermeidung unnötiger Kontroversen ist es sehr begrüßenswert, daß in den beiden jetzt vorliegenden Entwürfen zum neuen deutschen Strafgesetzbuch (VE. § 58 Abs. 2; GE. § 19) eine diesem Grundsatz entsprechende Gesetzesbestimmung vorgeschlagen wird. Im geltenden deutschen Strafrecht ist derselbe jedoch nirgends ausgesprochen, woraus sich von selbst ergibt, daß er nur mit äußerster Vorsicht angewendet werden darf. Mit Recht wird daher auch von der herrschenden Lehre angenommen, daß die Frage nach der Fahrlässigkeit bei Schweigen des Gesetzes über die Schuldart aus Grund und Zweck der einzelnen Strafbestimmungen beantwortet werden müsse. Auch Wach gibt ja zu, daß fahrlässiges Handeln strafbar sei, wenn es das Gesetz dem Zusammenhang nach ersichtlich wolle. Bis hieher sind sich also die Verfechter beiderlei Meinungen so ziemlich einig. Gleichwohl wird von Wach und Frank die Kardinalfrage nach Grund und Zweck des Gesetzes nur kurz gestreift, die Möglichkeit einer fahrlässigen Begehung des einfachen Bankbruchs vielmehr im wesentlichen nur unter Berufung auf den allgemeinen Rechtssatz sowie noch darauf abgelehnt, daß die gegenteilige Ansicht zu Folgerungen führe, die das Rechtsgefühl sehr verletzen. Zuzugeben ist, daß es zu Unbilligkeiten führen kann, wenn nach § 240 Nr. 1 KO. bestraft wird, wer durch ungetreue Dienstboten, durch Angehörige um Hab und Gut kommt, weil er jene Personen nicht genügend beaufsichtigt hat (vgl. RGE. 15,

---

[7]) Siehe hiezu Zweigert S. 1552 N. 34 Abs. 2; Frank N. 4 zu § 239.

[8]) Wach a. a. O. S. 84; Frank N. 1 zu § 240 S. 673.

309 f.), aber wohl nicht deshalb, weil der Schuldner für den aus seinen Mitteln bestrittenen übermäßigen Aufwand seiner Familie usw. überhaupt nicht strafrechtlich zur Verantwortung gezogen werden dürfte, sondern doch nur deshalb, weil zum wenigsten nach dem Wortlaut der heute geltenden Bestimmungen Bestrafung eintritt, ohne Rücksicht auf den Zusammenhang zwischen schuldnerischer Tat bzw. Unterlassung und dem Bankbruch, ferner auch noch deshalb weil das Strafmaß für die vorsätzliche und fahrlässige Begehung das gleiche ist.

Mit der Mehrheit wird man anzunehmen haben, daß Grund und Zweck des Gesetzes im Falle des § 240 KO. unbedenklich auch die Bestrafung der Fahrlässigkeit als gewollt erkennen lassen: Der Übermäßigkeit seines Aufwands wird sich der Schuldner in den seltensten Fällen bewußt sein,[9] der Gesetzgeber aber kann unmöglich gewollt haben, daß Bestrafung nur in diesen Ausnahmefällen eintritt. Wer im Spiel sein halbes Vermögen einsetzt, mag die Möglichkeit des Verlustes kennen;[10] mit der Wahrscheinlichkeit solchen Verlustes wird er niemals rechnen und sohin, zum wenigsten nach der Begriffsbestimmung des eventuellen Vorsatzes durch den Vorentwurf immer nur fahrlässig handeln.

Im Falle des § 240 Ziff. 2 KO. kann naturgemäß Fahrlässigkeit nicht in Betracht kommen, weil die Verschleuderung kreditierter Waren oder Wertpapiere nur dann strafbar ist, wenn der Schuldner in der Absicht, die Eröffnung des Konkursverfahrens hinauszuschieben, sohin auch im Bewußtsein davon handelt, daß die Veräußerung unter dem Wert erfolgt und den Anforderungen einer ordnungsmäßigen Wirtschaft widerspricht.

Außer im Fall des § 240 Ziff. 1, 3 und 4 KO. ist Fahrlässigkeit noch strafbar, wenn Vorstandsmitglieder oder Liquidatoren von Aktiengesellschaften, privaten Versicherungsunternehmungen, Genossenschaften, sowie Geschäftsführer oder Liquidatoren einer Gesellschaft m. b. H. ihrer Verpflichtung, rechtzeitig Antrag auf Konkurseröffnung zu stellen, nicht nachkommen.[11])

V. Die Verfasser des Gegenentwurfs waren mit Erfolg bemüht, die Unklarheiten und Unbilligkeiten des geltenden Rechts in bezug auf die Behandlung der Schuldarten Vorsatz und Fahrlässigkeit zu beseitigen. Nach dem Gegenentwurf bildet die fahrlässige Begehung den Tatbestand des einfachen Bankbruchs (§ 315 GE.); außerdem ist Fahrlässigkeit auch noch nach dem besonders behandelten Tatbestand der Buchdelikte strafbar, wobei für vorsätzliche und fahrlässige Verdunklung des Vermögensstandes verschiedene Strafrahmen geschaffen werden (§ 316 GE.) und schließlich finden wir

---

9) So mit Recht Meyer-Allfeld § 104 Anm. 22 S. 535.
10) Wach a. a. O. S. 86.
11) § 315 HGB., § 109 Gesetz betr. die privaten Versicherungsunternehmungen, § 148 Ziff. 2 GenG., § 84 Gesetz betr. die Gesellschaften m. b. H.

die fahrlässige Unterlassung mit Strafe bedroht bei Verletzung der den gesetzlichen Vertretern juristischer Personen obliegenden Pflicht, die Eröffnung des Konkursverfahrens zu beantragen (§ 319 GE.). Vorsätzliche Begehung des einfachen Bankbruchs ist ausgeschlossen; diese bildet vielmehr den Tatbestand des schweren Bankbruchs (§ 314 GE.). Dieser wird aus einem Absichts- zum Erfolgsdelikt, indem für: „Schuldner, welche .... in der Absicht, ihre Gläubiger zu benachteiligen", gesagt wird, „ein Schuldner, der die Gläubiger dadurch benachteiligt, ...". Daß er sie vorsätzlich benachteiligt, soll sich nach Ansicht der Verfasser von selbst verstehen (Begr. S. 162, 24); das Wort vorsätzlich ist also weggelassen, ohne daß dadurch am Sinn sich etwas änderte. Einen wesentlichen Gewinn bedeutet es, daß die Behandlung des schweren Bankbruchs als Erfolgsdelikt die Strafbarkeit des eventuellen Vorsatzes im Normalfall, vermutlich auch wenn Gewinnsucht als Strafschwerungsgrund hinzutritt,[12]) außer Frage stellt.

Da nach § 315 GE. als einfacher Bankbruch nur die fahrlässige, nach § 314 als schwerer Bankbruch nur die vorsätzliche Begehung strafbar ist, würde es naheliegen, an Stelle der Unterscheidung zwischen einfachem und schwerem Bankbruch diejenige zwischen fahrlässigem und vorsätzlichem treten zu lassen. Die Verfasser des Gegenentwurfs scheinen sich jedoch der Ansicht ihres Mitarbeiters von Liszt[13]) angeschlossen zu haben, der die Bezeichnung „vorsätzlicher und fahrlässiger Bankbruch" für irreführend hält. Die einzelnen Handlungen zwar müßten vorsätzlich oder fahrlässig begangen sein; Vorsatz oder Fahrlässigkeit in bezug auf die Zahlungseinstellung (Bankbruch) aber könne nicht verlangt werden. Diese Beweisführung ist richtig. Mindestens ebenso irreführend ist dann aber die Bezeichnung „Bankbruch". Nicht Herbeiführung des Bankbruchs ist der strafwürdige Erfolg, sondern die in ihm zutage tretende Schädigung der Gläubigerrechte. Gegen die von den Verfassern des Gegenentwurfs gewählte Unterscheidung spricht, daß die Bezeichnung „schwerer Bankbruch" auf den Tatbestand eines Verbrechens hinweist, während der für § 314 GE. vorgeschlagene Strafrahmen in der Strafart demjenigen entspricht, der nach dem geltenden Recht für den einfachen Bankerott aufgestellt ist, der schwere Bankbruch sohin nicht als Verbrechen, sondern als Vergehen behandelt und der Tatbestand eines Verbrechens erst dann erfüllt ist, wenn der Täter aus Gewinnsucht handelt, so daß es also weit mehr gerechtfertigt wäre, für diesen letzteren Tatbestand die Bezeichnung „schwerer Bankbruch" einzuführen, wenn man an der gewiß nicht einwandfreien bisherigen Bezeichnung „betrüglicher Bankerott" Anstoß nimmt.[14]) Auch die Bezeichnung „einfacher Bankbruch"

---

[12]) Gewinnsucht ist nicht dasselbe wie gewinnsüchtige Absicht! (siehe unter § 3).

[13]) Lehrbuch § 137 III S. 469.

[14]) Siehe hiezu Wach a. a. O. S. 99, 102.

durch den GE. erweckt falsche Vorstellungen, wenn man dabei den Tatbestand des geltenden Rechts im Auge hat. Denn einer der wichtigsten Fälle des § 240 KO. — die Verschleuderung kreditierter Waren in der Absicht, die Eröffnung des Konkursverfahrens zu verzögern, ist nach dem GE., nicht als einfacher, sondern als schwerer Bankbruch zu bestrafen.

Bei den Buchdelikten, die der GE. in § 316 behandelt, wird Verschulden nur in bezug auf die „Verdunklung des Vermögensstandes" gefordert. Der GE. sagt nicht: Schuldner, welche ihre Gläubiger dadurch gefährden . . ., sondern Schuldner, welche ihren Vermögensstand verdunkeln . . . . Nach dem in § 1 über die Buchdelikte Gesagten kann dem beigepflichtet werden. Die Buchdelikte sind nur objektiv Gefährdungsdelikte, der Schuldner selbst will nicht die Gefährdung, sondern die Benachteiligung der Gläubiger. Dieses subjektive Moment im Tatbestand zum Ausdruck zu bringen, haben die Verfasser des GE. nicht für nötig gefunden; in der Tat wird bei vorsätzlicher Verdunklung des Vermögensstandes der schädigende Wille stets vorhanden sein und ebenso muß sich der Schuldner bei fahrlässiger Verdunklung des Vermögensstandes sagen, daß dies zur Schädigung seiner Gläubiger führen kann.

§ 3. Betrüglicher (schwerer), einfacher Bankbruch und Gläubigerbegünstigung in ihren subjektiven Unterscheidungsmerkmalen.

I. Die einzelnen als Konkursverbrechen mit Strafe bedrohten Tatbestände können in ihrer Bedeutung nur dann richtig erkannt werden, wenn man sie in Beziehung zueinander setzt, mit anderen Worten sich bemüht, die entscheidenden Unterschiede zwischen diesen Tatbeständen aufzudecken: Sie liegen auf subjektivem Gebiet, wenn auch das deutsche Konkursstrafrecht der Gegenwart dies nur undeutlich zum Ausdruck bringt. Es läßt sich nicht in Abrede stellen, daß die den Kern der Strafbestimmungen bildenden Tatbestände der §§ 239 bis 241 KO. neben den Unterschieden auf subjektivem Gebiet auch nach der objektiven Seite recht erheblich voneinander abweichen. Diese letzteren Unterschiede sind jedoch von keiner ausschlaggebenden Bedeutung und zum Teil recht zufälliger Natur. Das wesentliche Unterscheidungsmerkmal zwischen einfachem und betrüglichem Bankerott ist in dem für letzteren erforderlichen höheren Grad des subjektiven Verschuldens, der Absicht der Gläubigerbenachteiligung, zu erblicken, während in der Absicht der Gläubigerbegünstigung der Grund dafür liegt, daß der erhöhte Strafrahmen des § 239 in § 241 wieder herabgesetzt wird. In diesem Sinn sind die Absicht der Gläubigerbenachteiligung und der Gläubigerbegünstigung nahe verwandt mit Strafschärfungs- und Strafmilderungsgründen.[1]) Die verwandtschaftlichen Beziehungen, die sie mit diesen haben, zu erörtern, ist im Zusammenhalt mit dem darüber bisher Gesagten nötig, um sie in ihrer wesentlichen Bedeutung und Daseinsberechtigung zu erkennen. Sie selbst als Strafschärfungs- bzw. Milderungsgrund zu bezeichnen, geht allerdings nicht an, weil von Strafschärfung und -Milderung im juristisch-technischen Sinn nur gesprochen werden kann, wo der Gesetzgeber für einen und denselben strafbaren Tatbestand wegen Hinzutritts eines besonderen Umstandes ein Hinausgehen über das Höchstmaß, ein Herabgehen über das Mindestmaß des für den Regelfall vorgesehenen Strafrahmens am Platz gefunden hat.

II. Der betrügliche Bankerott wird nach § 239 KO. im Gegensatz zum einfachen Bankerott mit Zuchthaus bestraft, weil der Schuldner die Bankerotthandlungen in der Absicht begeht, seine Gläubiger zu benachteiligen. Der Grund, warum die einzelnen Bankerotthandlungen, die im § 239 aufgeführt sind, nicht genau die gleichen sind, wie in § 240, ist nur der, daß der Gesetzgeber, sei es bewußt oder unbewußt, von der Annahme ausgeht, es könnten nicht alle Handlungen, die § 240 mit Strafe bedroht, auch in der Absicht der Gläubigerbenachteiligung begangen werden, also die erhöhte Strafe des § 239 verdienen. Zuzugeben ist, daß derjenige, der kreditierte Waren unter dem Wert veräußert in der Absicht, die Eröffnung das Konkursverfahren hinauszuschieben, dies dann nicht in der Absicht der Gläubigerbenachteiligung tut, wenn er hofft, mit Hilfe der durch die Warenverschleuderung gewonnenen Frist den Konkurs überhaupt abzuwenden; hat er diese Hoffnung aber nicht, sondern will er nur der Konkurseröffnung für den Augenblick entgehen, so ist er sich der Schädlichkeit seiner Handlung für die Gläubiger bestimmt bewußt, so handelt er nicht nur in der Absicht, das Konkursverfahren hinauszuschieben, sondern auch in der, seine Gläubiger zu schädigen, wenn anders man sich an die Auslegung des Begriffes „Absicht der Gläubigerbenachteiligung" in der Rechtsprechung hält. Auch der Schuldner, der übermäßigen Aufwand im Sinne des § 240 Ziff. 1 treibt, wird häufig genug das bestimmte Bewußtsein haben, daß er damit seine Gläubiger schädigt, z. B. wenn er seinen Vermögenszusammenbruch als sicher

[1]) Das Reichsgericht (E. 36, 349) nennt die Gläubigerbegünstigung direkt „ein Vergehen, das seinem Wesen nach sich nur als ein mit Rücksicht auf das subjektive Verschulden des Täters geringer strafbarer Fall des betrügerischen Bankerotts darstelle". Von anderer Seite wird die Gläubigerbegünstigung allerdings als selbständiges Delikt aufgefaßt und die Meinung, als ob es sich um einen priv. Fall des betrügerischen Bankerotts handle, mit Entschiedenheit zurückgewiesen (Frank § 241 N. 1 S. 677). Auch Meyer-Allfeld (§ 104 VIII 1 S. 537) behandelt die Gläubigerbegünstigung unter den bankerottähnlichen Verbrechen, gibt aber immerhin zu, daß auch die Gläubigerbegünstigung ebenso wie die anderen Konkursverbrechen wegen der wirklichen oder möglichen Benachteiligung der übrigen Gläubiger strafbar sei.

voraussieht, und nun die wenigen Barmittel, die ihm noch zur Verfügung stehen, dazu verwendet, noch einige Zeit auf Kosten seiner Gläubiger gut zu leben.[2])

Es ergibt sich hieraus, daß die Absicht der Gläubigerbenachteiligung kein genügender Grund für die schärfere Bestrafung der Bankerotthandlungen des § 239 ist. Man könnte einwenden: die Mängel des Gesetzes seien nicht in der strafschärfenden Wirkung zu erblicken, die das Gesetz der Absicht der Gläubigerbenachteiligung beilegt, sondern darin, daß nur ein Teil der Tatbestände, bei denen diese Absicht vorliegen kann, mit höherer Strafe bedroht sei, ein anderer Teil aber nicht. Der Einwand ist gewiß beachtenswert und wird an anderer Stelle[3]) noch Anlaß zu Erörterungen geben. Die Absicht der Gläubigerbenachteiligung kann jedoch auch für sich allein betrachtet als genügender Grund für Anwendung schärferer Strafmittel nicht angesehen werden. Die Gefährdung oder Verletzung der Gläubigerrechte ist, wie oben in § 1 ausgeführt, Gegenstand des Angriffs für sämtliche Konkursverbrechen, und zwar auch da, wo es das Gesetz nicht ausdrücklich sagt. Als Normalfall eines strafbaren Bankbruchs ist es sohin anzusehen, wenn der Schuldner im Bewußtsein handelt, seine Gläubiger zu schädigen. Etwas anderes ist es, wenn man unter Absicht mehr versteht als dieses Bewußtsein, nämlich den Beweggrund zur Tat. Wer aus bloßer Freude am fremden Verlust, also böswillig handelt, gegen den ist die Anwendung eines schärferen Strafrahmens weit eher angezeigt als gegen den, der etwa seiner Familie den erstrebten Vorteil zuzuwenden beabsichtigt. Böswilligkeit als Motiv zur Tat wird allerdings bei Konkursverbrechen selten genug vorkommen.

Nach dem GE. ist Strafschärfungsgrund, wenn der Täter aus *Gewinnsucht* handelt. — §§ 314 Abs. 3, 316 Abs. 2 GE. — Die Verfasser des GE. wollen der Gewinnsucht diese Stellung im Tatbestand einräumen „in Verallgemeinerung des dem § 242 Ziff. 2 KO. zugrunde liegenden Gedankens“. Gewinnsucht ist nicht dasselbe wie gewinnsüchtige Absicht, sondern weist mehr als diese auf eine dauernde Willensrichtung des Täters hin.[4]) Es genügt also zur Anwendung des verschärften Strafrahmens nicht die Feststellung, daß die Handlung begangen wird in der Absicht, sich oder einem anderen einen Vermögensvorteil zu verschaffen, wie in § 242 Ziff. 2 KO.; Gewinnsucht ist vielmehr eine persönliche Eigenschaft des Täters. Es muß also eine in der Tat selbst hervortretende Neigung des Täters festgestellt werden. Diese Feststellung wird besonders dann unschwer erfolgen können, wenn eine Mehrheit unter den Tatbestand des strafbaren Bankbruchs fallender Einzelhandlungen vorliegt. Indessen wird unter Umständen auch eine einzige solche Handlung auf Gewinnsucht des Täters schließen lassen. Zu

[2]) Weitere Beispiele siehe bei *Wach* S. 84.
[3]) Siehe hierüber § 4 „Angriffsmittel“.
[4]) GE. Begr. S. 225.

verneinen dürfte diese dagegen sein, wenn es sich um einen ausschließlich einem Dritten zugedachten Vermögensvorteil handelt, wie dies schon für gewinnsüchtige Absicht Thomsen annimmt.[5])

Der Grund, warum die Verfasser des GE. sich nicht damit begnügen, der gewinnsüchtigen Absicht als solcher die Bedeutung eines Strafschärfungsgrundes zuzuweisen, ist offenbar der, daß diese gewinnsüchtige Absicht oder die verwandten Begriffe der Bereicherungsabsicht, des Eigennutzes durchaus normale Begleiterscheinungen des vorsätzlichen (schweren) Bankbruchs sind. Daß dem so ist, erklärt sich ohne weiteres aus dem Wesen des strafbaren Bankbruchs als Vermögensdelikt; auch mag der Hinweis darauf gestattet sein, daß die strafbare Vollstreckungsvereitelung, die sich ja von den Konkursverbrechen (de lege ferenda) nur durch den Grad des Verschuldens unterscheidet, in den 25. Abschnitt des Strafgesetzbuchs, handelnd vom strafbaren Eigennutz usw., eingereiht ist! Nur ausnahmsweise wird Bereicherungsabsicht oder Eigennutz nicht vorliegen, z. B. dann, wenn der gesetzliche Vertreter[6]) einer minderjährigen Person die Tat begeht.

Im Prinzip kann man sohin mit dem Vorschlag des Gegenentwurfs vollständig einverstanden sein. Einigermaßen zweifelhaft ist jedoch, ob der normale Strafrahmen, den die §§ 314 und 316 Abs. 1 GE. vorsehen, ausreicht, wenn der Täter nicht aus Gewinnsucht, wohl aber in Bereicherungsabsicht handelt, was wie gesagt wohl fast immer der Fall sein wird. Darnach steht auf die vorsätzliche Begehung nur Gefängnisstrafe und nach § 42 GE. ist darunter Gefängnisstrafe bis zu 2 Jahren zu verstehen. Einen gewissen Ausgleich bietet allerdings § 89 GE., wonach in besonders schweren Fällen auf Gefängnis bis zu 5 Jahren erkannt werden kann. Unbefriedigend ist, daß die Verhängung von Zuchthausstrafen nur bei Gewinnsucht des Täters, nicht auch bei Böswilligkeit möglich ist, so selten diese Böswilligkeit vielleicht auch vorliegen mag.

III. Man darf wohl sagen, daß der Tatbestand der Gläubigerbegünstigung zu den wenigst glücklichen Bestimmungen des geltenden Konkursstrafrechts gehört, von welchem Gesichtspunkt aus man auch dieses Vergehen betrachten mag. Zuzugeben ist, daß ein Schuldner, der den einen seiner Gläubiger vor den übrigen begünstigt und dadurch diese letzteren benachteiligt, unter Umständen geringere Bestrafung verdient, als derjenige, der die benachteiligende Handlung begeht, um für sich selbst daraus Vorteil zu ziehen. Es kommt aber ganz darauf an, warum der Schuldner einen einzelnen Gläubiger begünstigt. Gewiß verdient die Benachteiligung der übrigen Gläubiger eine mildere Beurteilung, wenn der Schuldner aus keinem anderen Beweggrund handelt, als weil

---

[5]) Bei Zweigert N. 8 zu § 133 S. 547.
[6]) Über Strafbarkeit eines solchen siehe unter § 5.

es ihn drängt, seine Verwandten, Freunde und solche Personen, die er in schweres Unglück gerissen, vor den anderen zu sichern.[7]) Anders verhält es sich schon, wenn der Schuldner den einen Gläubiger, obwohl dessen Forderung noch nicht fällig ist, vor den anderen befriedigt, weil ihm dieser für diesen Fall Zusicherungen irgendwelcher Art für die Zeit nach der Beendigung des Konkursverfahrens gemacht hat. Und wie vollends dann, wenn der Schuldner eine der in § 241 bezeichneten Begünstigungshandlungen in der ausgesprochenen Absicht vornimmt, dadurch einen anderen Gläubiger, der ihm besonders verhaßt ist, zugrunde zu richten? Das Reichsgericht nimmt allerdings an, daß dann, wenn die Absicht des Schuldners neben der Begünstigung eines Gläubigers und unabhängig davon zugleich auf Schädigung der übrigen geht, Idealkonkurrenz des § 239 mit § 241 in Betracht komme,[8]) so daß Bestrafung aus § 239 einzutreten habe. Voraussetzung hiefür ist jedoch, daß auch wirklich abgesehen von dem subjektiven Tatbestand eine Bankerotthandlung (Beseitigung von Vermögensstücken usw.) im Sinne des § 239 vorliegt, daß also beispielsweise die Form der vorzugsweisen Befriedigung eines Gläubigers von dem Schuldner ganz oder teilweise nur zum Scheine gewählt wird, um damit in der Tat für sich Vermögensstücke den Gläubigern zu entziehen.[9]) Es werden sich jedoch auch Fälle denken lassen, in denen sich zwar die Absicht der Gläubigerbegünstigung mit derjenigen der Gläubigerbenachteiligung verbindet, gleichwohl aber im übrigen nur der Tatbestand des § 241 erfüllt ist.

Auch ist zu beachten, daß die Absicht, einen Gläubiger vor dem andern zu begünstigen, wie das Reichsgericht selbst zugibt, zum wenigsten das Bewußtsein des Schuldners, durch seine Handlungsweise müßten die übrigen Gläubiger benachteiligt werden, einschließt. Da nun aber auch zur Erfüllung des Tatbestands des § 239 nicht viel mehr als dieses Bewußtsein gefordert wird (siehe darüber unter § 2), so leuchtet ein, daß die Rechtsunsicherheit eine außerordentliche sein muß. Zudem weist Wach (a. a. O. S. 78) mit Recht darauf hin, daß dem Milderungsmoment des § 241 — Rücksicht auf einen Gläubiger — gleichwertige oder entschuldigendere leicht an die Seite gestellt werden könnten. Warum der Schuldner, der „aus Affektionsinteresse einen für Dritte verhältnismäßig wertlosen Gegenstand beiseite schafft, um ihn dem Zugriff der Gläubiger zu entziehen", der schweren Strafe des § 239 KO. verfällt, derjenige dagegen, der sein gesamtes Warenlager dem begünstigten Gläubiger abtritt, so daß die übrigen das Nachsehen haben,[10]) nur aus § 241 bestraft werden kann, ist in der Tat nicht einzusehen.

---

[7]) Binding, LB. 1, 443.

[8]) E. 6, 94.

[9]) R. 5, 518.

[10]) Vielleicht nicht einmal auf zivilrechtlichem Wege etwas erreichen können, weil dem Begünstigten von einer Benachteiligungsabsicht nichts bekannt war.

Zu direkt widersinnigen Ergebnissen gelangt man, wenn man bedenkt, daß der Absicht der Gläubigerbegünstigung die strafmildernde Wirkung vom geltenden Konkursstrafrecht nur dann eingeräumt wird, wenn sie sich mit Erkenntnis der Zahlungsunfähigkeit verbindet. Die Folge müßte sein, daß Schuldner, die in Unkenntnis ihrer Zahlungsunfähigkeit einen Gläubiger begünstigen, zwar nicht nach § 241, wohl aber unter Umständen nach § 239 KO., also der strengeren Strafvorschrift strafbar werden. Auf den Widersinn dieser Folgerung stützen sich denn auch diejenigen, die die Gläubigerbegünstigung als vollkommen selbständiges Vergehen, d. h. doch offenbar in dem Sinn betrachten wollen, daß überall da, wo der Tatbestand des § 241 auch nur nach der objektiven Seite hin gegeben ist, eine Subsumption der Straftat unter § 239 nicht mehr stattfinden darf. Aber auch so ist das Ergebnis nichts weniger als befriedigend. Denn eine in der Absicht der Gläubigerbenachteiligung vorgenommene Bankbruchhandlung im Sinne des § 239 KO. lediglich deshalb für straffrei zu erklären, weil sie zugleich einen Gläubiger begünstigt, der Tatbestand des § 241 aber nach der subjektiven Seite hin nicht vollständig erfüllt ist, kann auch nicht gerechtfertigt sein.

Der GE. nimmt davon Abstand, für die Gläubigerbegünstigung eine eigene Strafbestimmung einzufügen. Man darf sagen, mit Recht, weil die Begünstigung eines Gläubigers zum Nachteil der anderen ohne Rücksicht auf das Motiv, aus dem die Begünstigung erfolgt, als Strafmilderungsgrund keine Daseinsberechtigung hat. Die Streichung des § 241 ist unbedenklich, weil gleichwohl auch nach dem GE. in den Fällen, in denen hiezu Veranlassung besteht, die Gläubigerbenachteiligung durch Begünstigung eines einzigen Gläubigers milder beurteilt werden kann. Zwar werden vom GE. auch die besonderen mildernden Umstände des geltenden Rechts (§§ 239 Abs. 2, 240 Abs. 3, 242 Abs. 2) beseitigt, dafür aber in §§ 87, 88 ganz allgemein für besonders leichte, wie überhaupt für alle Fälle, in denen die für Milderung der Strafe sprechenden Gründe überwiegen, Vorschriften über die Herabsetzung des Strafrahmens getroffen.

Es könnte eingewendet werden, daß die Bedeutung des § 241 sich eben doch nicht in der strafmildernden Wirkung erschöpft, die das Gesetz der Absicht der Gläubigerbegünstigung beimißt. Die Strafbestimmung des § 241, die das RStG. nicht enthielt, wurde, wie sich aus den Motiven (461) ergibt, in die Konkursordnung vom 10. Februar 1877 eingefügt, weil „die allgemeinen Bestimmungen des Strafrechts über Betrug und Unterschlagung für das zu treffende strafbare Verhalten des Schuldners gegen einzelne seiner Gläubiger nicht ausreichten“.[11] Es sollte also eine in der bisherigen Strafgesetzgebung fühlbare Lücke ausgefüllt werden, so

---

[11] Zweigert § 241 N. 1 S. 1572.

daß man sich fragen muß, ob durch Streichung des § 241 diese Lücke nicht neuerdings fühlbar wird. Die Frage ist jedoch zu verneinen. Wie wir hörten, schließt die Absicht der Gläubigerbegünstigung das Bewußtsein der Benachteiligung der übrigen Gläubiger in sich ein; es ist aber kein Zweifel darüber möglich, daß nach dem GE. das Vorhandensein dieses Bewußtseins die Strafbarkeit wegen vorsätzlichen (schweren) Bankbruchs begründet ohne Rücksicht darauf, ob der Schuldner diese Benachteiligung gerade beabsichtigt. Der Gegenentwurf behandelt den Bankbruch nicht mehr als Absichts- sondern als Erfolgsdelikt. Nun unterscheidet sich nach geltendem Recht die Gläubigerbegünstigung vom betrüglichen Bankerott allerdings nicht nur nach der subjektiven, sondern, wie gleichfalls bereits zugegeben, auch nach der objektiven Seite. Mit Recht hebt Frank (§ 241, I S. 677) hervor, daß „die in der Zahlung liegende Veräußerung nicht als ein Beiseiteschaffen oder Verheimlichen von Vermögensstücken angesehen" werden könne. Da der GE. aber ausdrücklich auch die Veräußerung von Vermögensstücken unter den Angriffsmitteln des vorsätzlichen Bankbruchs nennt, entfallen auch die in dieser Richtung etwa auftauchenden Bedenken.

§ 4. Angriffsmittel.

I. Als Gegenstand des Angriffs bei den Konkursverbrechen haben wir am Eingang unserer Erörterungen die Gläubigerrechte kennen gelernt. Die Mittel, durch die der strafwürdige Erfolg, die Benachteiligung der Gläubiger, die Vereitelung oder Verkümmerung der Möglichkeit, ihre Forderung zu befriedigen, sei es vorsätzlich oder fahrlässig erreicht wird, sind die Bankbruchhandlungen, die unser geltendes Konkursstrafrecht im einzelnen benennt. Diese Handlungen sind, wie bereits gelegentlich hervorgehoben, andere beim einfachen als beim betrüglichen Bankerott, wieder andere bei der Gläubigerbegünstigung und bei der Schuldnerbegünstigung. Gleichwohl besteht ein zusammenfassendes Moment für alle diese zum Teil grundverschiedenen Angriffsmittel: sie alle stellen eine nach Ansicht des Gesetzgebers unzulässige Einwirkung auf den Vermögensstand und zwar entweder durch Verminderung oder durch Verdunkelung dar. Und ferner: sie alle werden, soweit der Täter der gleiche ist, durch die einheitliche Bedingung der Strafbarkeit (Zahlungseinstellung bzw. Konkurseröffnung) zu einer juristischen Handlungseinheit zusammengefaßt,[1]) sind eben nur Angriffsmittel für ein und denselben strafwürdigen Erfolg der Gläubigerbenachteiligung, wie er in dem über das Vermögen des Schuldners ausgebrochenen Konkurs zum Vorschein kommt. Mit

---

1) von Liszt § 137 II/3 S. 477.

anderen Worten: auch dann, wenn mehrere Bankbruchhandlungen begangen werden, kann doch nur wegen eines Konkursverbrechens bestraft werden, soferne der Täter und der Konkurs der gleiche ist. Darüber besteht, soweit es sich um mehrfache Handlungen des betrüglichen Bankerotts bzw. auch des einfachen Bankerotts unter sich handelt, so ziemlich Einstimmigkeit der Anschauungen.[2])

Lebhaft gehen dagegen die Meinungen darüber auseinander, wie sich das Verhältnis zwischen betrüglichem Bankerott und einfachem Bankerott bzw. auch Gläubigerbegünstigung gestaltet, wenn der Schuldner mehrere Handlungen begangen hat, von denen die eine als betrüglicher Bankerott, die andere als einfacher Bankerott, wieder eine andere als Gläubigerbegünstigung zu bezeichnen ist. Als überwiegende Ansicht darf es aber doch auch hier angesehen werden, daß immer nur wegen der schwersten Form des Konkursverbrechens, also wegen betrüglichen Bankbruchs bzw. bei Zusammentreffen zwischen einfachem Bankbruch und Gläubigerbegünstigung wegen des ersteren bestraft werden kann, wobei es keinen allzu großen Unterschied ausmacht, ob nun ausschließlich ein Verbrechen des betrüglichen (einfachen) Bankbruchs angenommen oder aber gefordert wird, daß in solchen Fällen wenigstens eine Schuldigsprechung auch wegen einfachem Bankbruch (Gläubigerbegünstigung) erfolgen solle, also Idealkonkurrenz im Sinne von § 73 des RStGB. vorliegt. Eine Minderheit spricht sich allerdings für Realkonkurrenz (§ 74 RStGB.), namentlich in solchen Fällen aus, in denen Gläubigerbegünstigung mit betrüglichem Bankerott und noch mehr mit einfachem Bankbruch zusammentrifft. Nach der reichsgerichtlichen Rechtsprechung liegt in allen diesen Fällen Idealkonkurrenz vor.[3]) Der Forderungs Wach's (S. 100), daß die „Mehrheit der Bankbruchhandlungen durch die Einheit des Konkurses zum einheitlichen Verbrechen verbunden werden, gleichviel, ob sie vorsätzlich oder fahrlässig oder beides sind“, ist also wenigstens in der Rechtsprechung und soweit die Strafzumessung in Betracht kommt, schon für das geltende Recht annähernd entsprechen.

Was dann das an erster Stelle genannte Moment der Zusammenfassung für alle Angriffshandlungen betrifft, so kann wohl darüber, daß alle eine Vermögensminderung bzw. Verdunklung des Vermögensstandes bewirken, keine Meinungsverschiedenheit bestehen; dagegen ist eine Untersuchung darüber notwendig, weshalb das Gesetz nicht alle Handlungen, welche diese Wirkung haben können, für strafbar erklärt, warum es vielmehr nur einzelne solcher Handlungen herausgreift und schließlich auch diese nicht gleichheitlich bewertet, sondern die einen dem betrüglichen, die an-

---

[2]) A. M. Neumeyer S. 178.

[3]) E. 6, 94; R. 5, 52 für das Verhältnis zwischen betrüglichem und einfachen Bankbruch; R. 5, 518; 6, 633; 7, 399 für ein Zusammentreffen zwischen §§ 240 und 241; R. 5, 86 für das Verhältnis zwischen betrüglichem Bankbruch und Gläubigerbegünstigung.

deren dem einfachen und wieder andere der Gläubigerbegünstigung zuweist. Um hier klar zu sehen, ist es notwendig, diese Einzelhandlungen im Rahmen desjenigen strafbaren Tatbestands zu betrachten, in den sie hineingestellt sind. Als von grundlegender Bedeutung wird es sich dabei herausstellen, ob es sich um Verletzungs- (Erfolgs-) oder um Gefährdungstatbestände handelt und innerhalb dieser wieder, ob der Täter vorsätzlich oder fahrlässig handelt.

Aus den vorausgegangenen Ausführungen ist erinnerlich, daß der Erfolg der Gläubigerbenachteiligung nach geltendem Recht weder beim einfachen noch beim betrüglichen Bankerott zur Verwirklichung des strafbaren Tatbestands erforderlich ist, und daß im Gegensatz hiezu der GE. sowohl den schweren wie den einfachen Bankbruch als Erfolgsdelikt behandelt und hievon nur bei den Buchdelikten eine Ausnahme macht. Demgemäß sollen im folgenden nunmehr zunächst die Angriffshandlungen der §§ 239 und 240 Ziff. 1 und 2 und die ihnen entsprechenden der §§ 314, 315 des GE., sodann die Buchdelikte besprochen werden. Die Angriffsmittel im Tatbestand der Benachteiligung und Gefährdung der Baugläubiger — §§ 5, 6 des Gesetzes betr. die Sicherung der Bauforderungen; § 317 GE. — sowie des in § 317 GE. eingearbeiteten § 23 des Gesetzes betr. die Rechte der Besitzer von Schuldverschreibungen, ferner auch im Tatbestand des Stimmverkaufs — § 243 KO.; § 318 GE. — bieten keine Besonderheiten und können daher füglich von der Besprechung ausscheiden. Ebenso kann eine Besprechung der Angriffshandlungen des § 241 KO. unterbleiben, da der GE. diese Bestimmung überhaupt gestrichen hat; daß er daran recht tut, hat die Besprechung des subjektiven Tatbestands der Gläubigerbegünstigung bereits erkennen lassen.

II. Die Begehungsformen des betrüglichen und einfachen Bankbruchs in §§ 239 Ziff. 1 und 2, 240 Ziff. 1 und 2 KO. sind: Verheimlichung oder Beiseiteschaffung von Vermögensstücken; Anerkennung oder Aufstellung von Schulden oder Rechtsgeschäften, welche ganz oder teilweise erdichtet sind; Verbrauch oder Schuldigwerden übermäßiger Summen durch Aufwand, Spiel oder Wette, oder durch Differenzgeschäfte mit Waren oder Börsenpapieren; Kreditentnahme von Waren oder Wertpapieren und Veräußerung oder sonstige Weggabe dieser Gegenstände erheblich unter dem Wert in einer den Anforderungen einer ordnungsmäßigen Wirtschaft widersprechenden Weise.

Für die vorsätzliche Begehung kommen diese sämtlichen Einzelhandlungen, für die fahrlässige Begehung dagegen, wie schon früher ausgeführt, nur der Verbrauch übermäßiger Summen im Sinne von § 240 Ziff. 1 KO. in Betracht. Den hier aufgeführten Handlungen sieht man ohne weiteres an, daß sie vermögensmindernd und normalerweise für die Gläubiger in hohem Maße schädigend wirken müssen. Gegen ihre Einbeziehung in den strafbaren Tatbestand ist also nicht das mindeste einzuwenden. Eine Ausnahme hievon besteht nur bei der Verheimlichung von Vermögensstücken, insoferne hierunter auch das bloße irreführende Ableugnen von Vermögensstücken zu verstehen ist.[4]) Hiegegen wendet sich mit Recht Wach (S. 74) unter Hinweis darauf, daß das einfache Verschweigen oder Leugnen auch nicht nach § 288 StGB. strafbar sei; solches Verhalten könne verständigerweise nur als Prozeßlüge, Prozeßdelikt, behandelt werden, zumal die Mittel zur Erforschung der Wahrheit im Konkurs viel energischer sind, als in der Spezialexekution (KO. §§ 100, 110, 121 f., 125). Aber weit weniger darin, daß Handlungen für strafbar erklärt sind, die es gerechterweise nicht sein sollten, liegt der Hauptfehler des Gesetzes, sondern darin, daß viele Handlungen, an deren Strafwürdigkeit nicht zu zweifeln ist, straffrei bleiben müssen. Unter Beiseiteschaffen von Vermögensstücken kann unschwer auch die Vernichtung verstanden werden, nicht aber auch die Beschädigung und Entwertung von Vermögensbestandteilen.[5]) Wenn man sich an den Wortlaut des Gesetzes hält, könnte auch der Schuldner, der in der Absicht der Gläubigerbenachteiligung große Schenkungen macht, nicht bestraft werden; denn der Begriff des Beiseiteschaffens oder Verheimlichens ist streng genommen nur da anwendbar, wo es sich um eine Verschleierung des wirklichen Vermögensstandes handelt.[6]) Hinzukommt, daß in dem gleichartigen Tatbestand der Vollstreckungsvereitelung die „Veräußerung" ausdrücklich neben dem Beiseiteschaffen aufgeführt ist, so daß also dort der Begriff des Beiseiteschaffens ein anderer sein müßte, als hier beim betrüglichen Bankerott. Die Rechtsprechung hat sich indessen über diese Bedenken hinweggesetzt.[7]) Daß unter den Tatbestand des § 239 Ziff. 2 (Anerkennung erdichteter Forderungen usw.) nicht auch das Eingehen von Schulden schlechthin fällt, ist selbstverständlich. Wer im Bewußtsein der Schädlichkeit seines Tuns für die Gläubiger große Aufwendungen auf Borg oder Schenkungsversprechen macht, kann aus § 239 nicht bestraft werden, obwohl auch hiedurch die Gläubiger unter Umständen erheblich geschädigt sein können; denn der zivilrechtliche Anfechtungsanspruch wird häufig genug nicht durchdringen, z. B. wenn das Schenkungsversprechen vor Zahlungseinstellung und Konkurseröffnung gemacht wurde und der begünstigte Gläubiger, von der Absicht des Schuldners, die übrigen Gläubiger zu benachteiligen, nichts wußte. Bestenfalls kann hier eine Bestrafung wegen einfachen Bankbruchs erfolgen, soferne nämlich das Schenkungsversprechen als übermäßiger Aufwand im Sinne von § 240 Ziff. 1 sollte bezeichnet werden. Warum trotz Vorhandenseins der subjektiven Tatbestandsmerkmale des betrüglichen Bankerotts aus diesem

[4]) Zweigert § 239 N. 8 S. 1538.
[5]) Wach S. 60; Olshausen N. 11 zu § 288 S. 1226; RGE. 19, 25; 27, 122; 42, 62.
[6]) Frank § 239 III S. 667.
[7]) E. 2, 118 (Veräußerung von Grundstücken).

nicht gestraft werden kann, ist nicht ersichtlich. Auch sonst kann in den Fällen des § 240 Ziff. 1 und 2 Benachteiligungsabsicht vorliegen, ohne daß deshalb die Handlung zum betrüglichen Bankbruch wird.[8])

Der Grund für diese so verschiedenartige strafrechtliche Würdigung von Handlungen, über deren benachteiligende Wirkung unter Umständen gar kein Zweifel besteht, ist darin zu suchen, daß unser geltendes Recht darauf verzichtet, den Benachteiligungserfolg als solchen in den Tatbestand aufzunehmen. Die Folge ist, daß nur solche Handlungen für strafbar erklärt werden können, deren Schädlichkeit für die Gläubigerinteressen auf der Hand liegt. Die Veräußerung von Vermögensbestandteilen, das Eingehen von Schulden, braucht nicht notwendig eine Vermögensminderung zur Folge haben; gleichwohl können diese Handlungen die Gläubiger in hohem Maße schädigen. Mit Recht führt sie daher der GE. unter den Angriffsmitteln auf; er kann es, weil er ausdrücklich vorschreibt, daß die betreffende Handlung die Gläubiger benachteiligt haben muß. Mit der verwirrenden und unzureichenden Kasuistik des geltenden Rechts ist damit vollständig aufgeräumt. Allerdings vermeidet es der GE., schlechthin alle Maßnahmen tatsächlicher oder rechtlicher Natur, welche eine Minderung des dem Zwangszugriff der Gläubiger unterliegenden Vermögens zur Folge haben, in das Strafgesetz aufzunehmen. Ein Nachteil des GE. kann hierin aber nicht erblickt werden; im Gegenteil ist nicht zu verkennen, daß eine übermäßig abstrakte Tatbestandsfassung nicht zu unterschätzende Gefahren für die Rechtssicherheit mit sich bringt. Die Aufzählung derjenigen Handlungen, welche benachteiligend wirken können, dürfte gleichwohl erschöpfend und demnach den Verfassern des GE. die Lösung eines der wichtigsten Probleme auf dem Gebiete der Reform des Konkursstrafrechts restlos gelungen sein. Auch die Beschädigung von Vermögensstücken, die bisher straflos bleiben mußte, ist für strafbar erklärt.

Das bisher Gesagte bezieht sich indessen nur auf die vorsätzliche Form der Begehung. In der Behandlung der fahrlässigen Angriffsmittel besteht zwischen geltendem Recht und GE. nur ein geringer Unterschied. Auch § 315 des GE. führt als Mittel der fahrlässigen Gläubigerbenachteiligung lediglich die Fälle des § 240 Ziff. 1 KO. auf. Daß er die Worte „Differenzhandel mit Waren oder Börsenpapieren“ durch „Differenz- oder Börsentermingeschäfte“ ersetzt, ist nur eine redaktionelle Änderung ohne größere Bedeutung. Warum sieht hier der GE. von einer Verallgemeinerung des Tatbestands ab, obwohl er doch auch hier den Benachteiligungserfolg verlangt? Die Antwort ergibt sich aus der notwendigen Rücksichtnahme auf den subjektiven Tatbestand: Es geht nicht an, jedes unvorsichtige Geschäft, auch wenn es die Gläu-

---

[8]) Meyer-Allfeld § 104 Anm. 21 S. 535.

diger noch so schwer benachteiligt, unter Strafe zu stellen. Denn auf solche Weise würde nahezu jegliche Bewegungsfreiheit im geschäftlichen Verkehr ausgeschlossen, jede gewagte Spekulation unmöglich gemacht. Das gilt auch dann noch, wenn die Verletzung der Gläubigerrechte zur Erfüllung des gesetzlichen Tatbestands gehört. Es können nur solche Handlungen für strafbar erklärt werden, welche „ihrer Natur nach unwirtschaftlich, verlustdrohend und tatsächlich für die Gläubiger verlustbringend" sind.[9]) Nur für den schädigenden Erfolg solcher Handlungen kann dem Schuldner, sofern er nicht vorsätzlich, sondern nur fahrlässig handelt, die Verantwortlichkeit aufgeladen werden.

Im übrigen ist nicht zu verkennen, daß der Begriff des übermäßigen Aufwands an und für sich schon ein außerordentlich weiter und dehnbarer ist. Nach der reichsgerichtlichen Rechtsprechung ist übermäßiger Aufwand jede das Notwendige und Übliche übersteigende Aufwendung, nicht etwa nur eine solche, welche in einer Neigung zum Wohlleben oder Prunk oder in Genußsucht ihren Ursprung hat. Auch Ausgaben von Familienmitgliedern, dem Geschäfts- oder Dienstpersonal können darunter fallen, soferne sie aus dem Vermögen des Gemeinschuldners gemacht werden und schließlich steht auch der Umstand, daß der Aufwand zu Geschäftszwecken erfolgt, der Annahme eines übermäßigen Aufwands im Sinne des Gesetzes nicht entgegen. Handelsspekulationen fallen allerdings *an sich* nicht darunter, sie können es aber, wenn es sich aus der Art ihrer Ausführung ergibt.[10]) Selbst übermäßige Schenkung soll nach § 240 Ziff. 1 KO. gestraft werden können.[11])

Ist der Begriff des Aufwands derartig weit zu fassen, so ist nicht recht einzusehen, weshalb dann noch die besondere Aufzählung des Aufwands für Spiel, Wette, Differenzgeschäfte nötig ist, und zuzugeben, daß eine noch weitergehende Verallgemeinerung des Tatbestands kaum mehr möglich ist. Wenn an dem objektiven Tatbestand des § 240 Ziff. 1 bzw. auch des § 315 des GE. etwas auszusetzen ist, so ist es die Unklarheit und Dehnbarkeit des Begriffes „Aufwand". Als sehr weitgehend muß es denn doch bezeichnet werden, wenn, wie das Reichsgericht in einem Fall entschieden hat,[12]) der Hausherr wegen der ihm selbst widerfahrenen Veruntreuungen von Hausgenossen zur Verantwortung gezogen wird. Angedeutet wurde bereits, daß unter Aufwand auch teilweise Schenkungen verstanden werden. Hiegegen ist an sich nichts einzuwenden; es ist aber zu bezweifeln, ob dieser Begriffsauslegung auch die Rechtsprechung ohne weiteres folgt und es in Konsequenz dieser Auslegung etwa auch als übermäßigen Aufwand bezeichnet, wenn ein Schuldner sich von einem Wucherer ein Darlehen geben läßt,

---

9) *Wach* S. 100.

10) E. 15, 309; 16, 238; R. 6, 383 hinsichtlich des Aufwands zu Geschäftszwecken.

11) *Binding*, Lb. 1, 436.

12) E. 31, 151; dagegen *Wach* S. 83; *Frank* § 240 III S. 674.

für das er übermäßig hohe Zinsen zahlen muß. Bisher ist wenigstens noch nicht bekannt geworden, daß neben dem Wucherer auch der Bewucherte im Falle seines Konkurses, der vielleicht gerade durch diese wucherische Ausbeutung herbeigeführt wurde, bestraft worden wäre. Und doch dürfte darüber kein Zweifel sein, daß auch das Verhalten des Bewucherten trotz der Notlage, in der er sich befinden mag, häufig genug als grob fahrlässig und strafwürdig bezeichnet werden kann. Weiter ist zu fragen, ob vielleicht auch die unsinnige Verschleuderung von Waren unter dem Wert unter den Begriff des übermäßigen Aufwands fällt. Nach Ansicht der Verfasser des GE. anscheinend nicht; denn die Begründung (S. 287) sagt, daß die unter § 240 Ziff. 2 KO. eingereihten Fälle, — die der GE. bekanntlich aus dem einfachen Bankerott streicht — soweit sie überhaupt strafwürdig seien, durch § 314 GE. (die vorsätzliche Form der Begehung) gedeckt seien. Es ist aber wirklich nicht einzusehen, warum solches grob fahrlässige Verhalten des Schuldners weniger strafwürdig sein soll, als z. B. die Bezahlung einer zu teueren Ladenmiete.

Nach meinem Dafürhalten könnte neben dem als strafbar bezeichneten übermäßigen Aufwand der Verlust aus Spiel, Wette, Differenzgeschäft, unbedenklich gestrichen oder doch nur beispielsweise aufgeführt werden. Notwendig aber dürfte es sein, den Begriff der ihrer Natur nach unwirtschaftlichen und verlustdrohenden Handlungen etwas klarer zu formulieren als dies bei dem Begriff des übermäßigen Aufwands der Fall ist; etwa so, daß man an Stelle von „durch Aufwand übermäßige Summe verbraucht haben oder schuldig geworden sind“, setzt: „Ausgaben machen oder Rechtsgeschäfte abschließen, die nach Maßgabe der Vermögensverhältnisse oder nach Art und Umfang des Geschäftsbetriebes als in hohem Grade unwirtschaftlich zu bezeichnen sind.“

III. In der Strafrechtspflege stehen heute unter den Konkursverbrechen die Buchdelikte der §§ 239 Ziff. 3 und 4, 240 Ziff. 3 und 4 oben an. Der objektive Tatbestand dieser Delikte, und namentlich die Beziehung zwischen einfachem und betrüglichem Bankrott bietet zwar mancherlei Anlaß zu Kritik; die Gesetzesanwendung hat es jedoch verstanden, die Mängel auszugleichen. Nach § 239 Ziff. 3 und 4 werden Schuldner bestraft, wenn sie .... Handelsbücher zu führen unterlassen haben, deren Führung ihnen gesetzlich oblag, oder — ihre Handelsbücher vernichtet oder verheimlicht oder so geführt oder verändert haben, daß dieselben keine Übersicht des Vermögenszustandes gewähren. Die Strafe des § 240 Ziff. 3 und 4 trifft die Schuldner, wenn sie Handelsbücher zu führen unterlassen haben, deren Führung ihnen gesetzlich oblag oder dieselben verheimlicht, vernichtet oder so unordentlich geführt haben, daß sie keine Übersicht ihres Vermögenszustandes gewähren, oder — es gegen die Bestimmung des HGB. unterlassen haben, die Bilanz ihres Vermögens in der vorgeschriebenen Zeit zu ziehen.

An den Tatbeständen des § 239 fällt auf, daß hier die pflichtwidrige Unterlassung der Bilanzziehung bzw. auch die Veränderung und Aufstellung einer falschen Bilanz nicht erwähnt ist, an § 240, daß hier die Veränderung der Handelsbücher (§ 239 Ziff. 4!) fehlt und daß eine Bestrafung wegen Vernichtung, Verheimlichung — ebenso unordentlicher Führung der Handelsbücher nur bei Vollkaufleuten möglich ist, während die Strafe aus § 239 Ziff. 4 auch Minderkaufleute treffen kann. In letzterer Beziehung sind die Ausführungen in § 5 dieser Abhandlung zu vergleichen. Dort wird auszuführen sein, daß die Unterschiede in der Täterschaft bei den Buchdelikten vom GE. beseitigt sind. Was die übrigen Abweichungen im Tatbestand der §§ 239 und 240 Ziff. 3 und 4 voneinander betrifft, so sind sie nach reichsgerichtlicher Rechtssprechung bedeutungslos: da zur Buchführung auch die Verpflichtung zur Ziehung von Bilanzen gehört, soll auch durch Veränderung oder unrichtige Führung dieser das Verbrechen des § 239 Ziff. 4 begründet werden können,[13]) und auch die pflichtwidrige Unterlassung der Bilanzziehung dürfte unter § 239 Ziff. 4 im Sinne der Rechtssprechung eingereicht werden können, insofern durch diese Unterlassung die Buchführung Mängel aufweist, welche die Übersicht des Vermögenszustandes unmöglich macht. Ferner hat das Reichsgericht auch noch entschieden, daß in der unordentlichen Buchführung im Sinne von § 240 Ziff. 3 auch die Veränderung der Handelsbücher inbegriffen ist. Durch die von § 239 Ziff. 4 abweichende Fassung soll nur zugleich auf die subjektive Seite des Verbrechens hingedeutet werden.[14])

Bei dieser Sachlage wäre an sich die Frage nach der Reformbedürftigkeit des objektiven Tatbestands der Buchführungsdelikte zu verneinen. Es ist aber selbstverständlich nur begrüßenswert, wenn die Verfasser des GE. bei der ohnehin erforderlichen Reform des subjektiven Tatbestands auch die unzweifelhaft bestehenden, wenn auch durch die Rechtsprechung ausgeglichenen Mängel des objektiven Tatbestands mitbeseitigt haben. Nach dem GE. sind die Mittel bei beiden Arten der Verdunklung des Vermögensstandes sowohl bei Vorsatz als bei Fahrlässigkeit die gleichen und zwar: „Beschädigung, Unterdrückung, unrichtige Führung, Veränderung der Handelsbücher, Aufstellung einer unrichtigen Bilanz und Verletzung der gesetzlich obliegenden Pflicht zur Führung von Handelsbüchern oder zur Aufstellung einer Bilanz.“ Das Merkmal der Bücherbeschädigung, welches das der Vernichtung mitumfassen soll, führt der GE. neu ein. Nach geltendem Recht fällt die Beschädigung der Handelsbücher unter den Begriff „Veränderung“.[15]) Eine Verallgemeinerung der Tatbestände ist bei den Buchdelikten als Gefährdungsdelikten weder angezeigt noch möglich.

[13]) RGE. 13, 354; 15, 174; 30, 171; 39, 165.
[14]) E. 42, 284.
[15]) Siehe hiezu Wach S. 95.

§ 5. Täterschaft und Teilnahme.

I. So selbstverständlich es ist, daß sich eines Verbrechens des Bankbruchs nur schuldig machen kann, wer in Konkurs fällt oder schon gefallen ist, seine Zahlungen eingestellt hat oder sich zum wenigsten in einer Vermögenslage befindet, die dem gleich zu erachten ist, so ist doch damit die Frage nach der Täterschaft bei den Konkursverbrechen noch keineswegs gelöst. Zunächst kommt in Betracht, daß verschiedene als Bankbruch strafbare Handlungen nur von Kaufleuten, wieder andere nur von Vollkaufleuten begangen werden können. Kaufmannseigenschaft wird vorausgesetzt sowohl bei den Buchgerichten der Konkursordnung (§§ 239 und 240 Ziff. 3 und 4) als bei den Verbrechen nach §§ 10 und 11 des Depotgesetzes. Eines Verbrechens nach § 239 Ziff. 3 KO. sowie eines Vergehens nach § 240 Ziff. 3 und 4 KO. sind nur Vollkaufleute fähig; zum wenigsten kann dies als die in Literatur und Rechtssprechung herrschende Ansicht gelten. Schließlich können sich eines Konkursverbrechens nach §§ 5 und 6 des Gesetzes betr. die Sicherung der Bauforderungen vom 1. Juni 1909 nur Baugeldempfänger oder solche Personen schuldig machen, welche zur Führung eines Baubuchs verpflichtet sind.

Wenn nun auch die Frage, wer als Kaufmann bzw. Baugeldempfänger zu betrachten ist, keine besonderen Schwierigkeiten bietet, so kann das gleiche von der Feststellung, ob ein Schuldner als Vollkaufmann anzusprechen ist, nicht behauptet werden, obwohl man meinen sollte, daß die Eintragung einer Firma oder Gesellschaft in das Handelsregister hiefür hinreichende Anhaltspunkte böte. Allein nach reichsgerichtlicher Rechtssprechung[1]) kommt für den Strafrichter die Eintragung im Handelsregister nur als Beweismoment in Frage und soll die in §§ 2, 5 des HGB. ausgesprochene Vermutung nur bürgerlichrechtliche, nicht strafrechtliche Bedeutung haben. Der Strafrichter kann also auf Grund der ihm zustehenden freien Beweiswürdigung zu dem Schlusse kommen, daß eine Eintragung ins Handelsregister zu Unrecht erfolgt der Inhaber einer eingetragenen Firma Minderkaufmann, oder umgekehrt ein nicht im Handelsregister eingetragener Kaufmann Vollkaufmann ist. Nur insoweit ist der Inhalt des Handelsregisters für ihn maßgebend, als er im Falle der §§ 2, 3 Abs. 2 des HGB. Vollkaufmannseigenschaft nicht annehmen darf, solange der Gewerbetreibende nicht ins Handelsregister eingetragen ist. Daß hieraus Unzuträglichkeiten entstehen können, zeigt schon die lawinenhaft angeschwollene Rechtssprechung über diesen Gegenstand. Die darin bestehende Rechtsunsicherheit muß aber auch im Interesse eines wirksamen Gläubigerschutzes lebhaft bedauert werden. Der Gläu-

---

[1]) Vgl. u. a. Urteil vom 13. November 1905 E. 53, 73 bei Zweigert S. 1544.

biger sollte sich darauf verlassen können, daß ein im Handelsregister eingetragener Kaufmann auch in Wirklichkeit verpflichtet ist, kaufmännische Bücher zu führen; mag sein, daß dieses Interesse früher nicht im gleichen Maße bestanden hat. Heute bildet der Umstand, ob kaufmännische Bücher geführt werden oder nicht, einen wichtigen Gradmesser für die Kreditwürdigkeit eines Kunden. Mit der Entwickelung des Verkehrs und des gesamten Wirtschaftslebens in den letzten Jahrzehnten ist eine so gewaltige Steigerung des Kreditbedürfnisses Hand in Hand gegangen, daß unerläßliche Voraussetzung für die Inanspruchnahme wie Gewährung von Kredit eine geordnete kaufmännische Buchführung sein muß, da nur sie den richtigen Überblick über den Geschäftsbetrieb ermöglicht.

Auf eine Reihe weiterer Streitfragen einzugehen, die sich gleichfalls auf die Täterschaft beziehen, besteht hier keine Veranlassung, da ihre Lösung unbedenklich der Rechtsprechung überlassen werden kann und ihre Existenz keinen Anlaß zur Umgestaltung des Gesetzes selbst zu bieten vermag. Hierher gehört z. B. die Frage nach der Strafbarkeit eines Minderjährigen, des wirklichen Inhabers eines zum Schein auf den Namen eines anderen betriebenen Geschäfts, ausgeschiedener Geschäftsteilhaber oder Gesellschafter usw.[2]) Dagegen kommt der Frage nach der Täterschaft gesetzlicher Vertreter wie überhaupt Verwalter fremden Vermögens auch de lege ferenda nicht zu unterschätzende Bedeutung zu. § 244 KO. erstreckt die Strafvorschriften der §§ 239 bis 241 KO. nur auf Mitglieder des Vorstands der Aktiengesellschaften oder eingetragenen Genossenschaften sowie auf Liquidatoren einer Handelsgesellschaft oder einer eingetragenen Genossenschaft. Die gleiche Vorschrift findet sich dann auch noch in § 83 des Gesetzes betr. die G. m. b. H. sowie in §§ 112, 113 des Gesetzes über die privaten Versicherungsunternehmungen.[3]) Alle übrigen Vertreter juristischer oder natürlicher Personen, gleichviel ob sie gesetzliche oder gewillkürte Vertreter sind, können wegen Bankbruchs nicht bestraft werden, soweit nicht, wie noch zu erörtern sein wird, ausnahmsweise § 242 KO. Ersatz schafft. Mit Recht erklärt deshalb Wach (S. 103) den § 244 für eine Halbheit. Soweit gesetzliche Vertretung reiche, soweit müsse die ratio legis zur Anerkennung der Täterschaft des Vertreters führen. Dem ist unbedenklich zuzustimmen, wenn es auch dahingestellt bleiben mag, ob das Motiv des Eigennutzes bei den Konkursverbrechen nicht zum wenigsten die Regel bildet. Richtig ist ja, daß dieses Motiv beim gesetzlichen Vertreter nicht gerade oft vorliegen wird; dem kann aber bei der Strafzumessung unschwer Rechnung getragen werden. Nicht ganz einzusehen ist, warum nur für „gesetzliche" Vertreter das Bedürfnis nach Erstreckung der Strafvorschrift soll gegeben sein; es dürfte vielmehr ebenso auch

[2]) Siehe hierüber insbesondere Zweigert § 239 N. 6 S. 1537.
[3]) Vgl. auch § 12 des DepotG.

bei vertragsmäßig bestellten Verwaltern fremden Vermögens vorliegen.

Die allgemeine Bestimmung in § 11 des GE. dürfte diesen Gesichtspunkten Rechnung tragen, indem sie sagt „nimmt jemand eine Handlung in der Eigenschaft als verfassungsmäßig berufener Vertreter einer juristischen Person oder als Verwalter fremden Vermögens vor, so sind ihm gesetzliche Merkmale, die in der Person des von ihm Vertretenen gegeben sind, so zuzurechnen, als ob sie in seiner eigenen Person gegeben wären“. Im übrigen enthält der GE. über Täterschaft noch folgende Bestimmungen, die von dem geltendem Recht abweichen: Aus der Fassung des objektiven Tatbestands von § 316 GE. (siehe unter § 4) ergibt sich, daß ebenso, wie die vorsätzliche, auch die fahrlässige Vernichtung, Beschädigung oder unrichtige Führung von Handelsbüchern auch bei Minderkaufleuten strafbar ist. Ferner werden noch die Deliktssubjekte des Prozeßdelikts der Unterlassung rechtzeitiger Stellung des Antrags auf Konkurseröffnung (§ 319 GE.) in der Weise verallgemeinert, daß sich dieses Vergehens sämtliche gesetzlichen Vertreter einer juristischen Person schuldig machen können, die der ihnen bei Zahlungsunfähigkeit oder Überschuldung der juristischen Person gesetzlich obliegenden Pflicht, die Eröffnung des Konkursverfahrens zu beantragen oder der Aufsichtsbehörde Anzeige zu machen, nicht nachkommen. Begrüßenswert ist dabei auch, daß durch die Zusammenfassung der in einer Reihe von Nebengesetzen jetzt zerstreuten Bestimmungen die Unterschiede im Strafmaß beseitigt sind. Dagegen sieht der GE. davon ab, die Kaufmannseigenschaft zum qualifizierenden Merkmal zu erheben. Eine Notwendigkeit hiefür dürfte auch wohl nicht bestehen, wenngleich es richtig ist, daß „die natürliche weitgehende Inanspruchnahme des Personalkredits eines gewissen Gegengewichts bedarf“ (Wach S. 103). Dieses Gegengewicht dürfte jedoch schon durch die dem Kaufmann auferlegte Verpflichtung zur Führung kaufmännischer Bücher und durch die besonderen Strafvorschriften bei Verletzung dieser Pflicht geschaffen sein.

II. Ob Teilnahme an den Konkursverbrechen der §§ 239 bis 241 KO. im Sinne von Anstiftung und Beihilfe überhaupt strafbar sei, ist nicht unbestritten. Die hier angedrohten Strafen finden ihre Rechtfertigung ganz wesentlich darin, daß sich der Schuldner, der wegen Bankbruchs bestraft wird, in einem Ausnahmezustand, dem bevorstehenden oder bereits erfolgten Vermögenszusammenbruch befindet, dem er durch sein Verhalten Rechnung tragen muß, wenn anders er nicht strafbar werden will. Es könnte daher die Frage aufgeworfen werden, ob dieser besondere Umstand, der die Strafbarkeit des Täters erst begründet, oder doch wesentliche Voraussetzung für dessen Strafbarkeit ist, auch dem Dritten zugerechnet werden kann. Die Antwort auf diese Frage kann jedoch, wie Neumeyer (S. 158/9) mit Recht ausführt, im Hinblick auf die unselbständige Natur der Teilnahme nicht zweifelhaft sein. Aus ihr ergibt sich, daß die besonderen Verhältnisse, welche für die Strafbarkeit des Täters maßgebend sind, ohne weiteres auch dem Teilnehmer (Anstifter oder Gehilfen) zugerechnet werden müssen. Hievon besteht nur die eine Ausnahme des § 50 StGB. hinsichtlich solcher Tatumstände, welche die Strafbarkeit einer Handlung erhöhen oder vermindern, nicht aber hinsichtlich solcher, welche überhaupt Voraussetzung für die Strafbarkeit der Handlung sind.[4])

Verschiedentlich will dann auf Straflosigkeit der Teilnahme im allgemeinen auch noch daraus geschlossen werden, daß diejenigen Fälle, in denen sie strafbar sein sollen, in § 242 KO. ausdrücklich angeführt seien. Der Einwand läßt sich am leichtesten widerlegen, wenn man sich auf den Standpunkt stellt, daß in § 242 überhaupt keine Teilnahmehandlung — zum betrüglichen Bankbruch — getroffen werden soll (siehe darüber unter III, unten); seine Unhaltbarkeit ergibt sich jedoch auch aus der Entstehungsgeschichte des Gesetzes: bei Beratung des StGB. wurde „die Anwendung der Vorschriften über die Teilnahme nach den allgemeinen Grundsätzen" für selbstverständlich gehalten und deshalb davon abgesehen, hierüber ausdrückliche Bestimmung zu treffen, wie dies noch in § 260 PrStGB. für nötig erachtet worden war.[5])

Im Prinzip kann heute als herrschende Ansicht gelten, daß bezüglich Teilnahme an den Konkursverbrechen der §§ 239—241 die allgemeinen Grundsätze Anwendung finden. Gleichwohl bestehen darüber, wann nun im einzelnen strafbare Teilnahme angenommen werden kann, lebhafte Meinungsverschiedenheit. Besondere Schwierigkeiten bieten die gerade bei den Konkursverbrechen häufig vorkommenden Fälle der sogenannten „notwendigen" Teilnahme. Auch „bei ihr findet ein Zusammenwirken mehrerer Personen statt, nicht aber sowohl zur Verursachung eines gemeinschaftlichen Erfolgs, als vielmehr zur Herstellung eines mehrere Handlungen umfassenden Verbrechenstatbestands."[6]) Fälle notwendiger Teilnahme sind z. B. die Geltendmachung einer erdichteten Forderung im Tatbestand des § 239 Ziff. 2 KO., da die Anerkennung einer erdichteten Forderung ihre Geltendmachung von anderer Seite voraussetzt, ferner im Tatbestand des § 240 Ziff. 1 die Beteiligung eines Dritten am Spiel oder die Kreditgewährung, im Tatbestand des § 241 die Annahme der vom Schuldner dem Gläubiger vorzugsweise ge-

---

[4]) Deshalb können zwar Anstifter und Gehilfen an einem „uneigentlichen" Amtsdelikt, d. h. an einem solchen, bei dem die Beamteneigenschaft Strafschärfungsgrund ist, nur wegen Teilnahme an der nach allgemeinen Gesichtspunkten strafbaren Handlung verfolgt werden, dagegen Anstifter und Gehilfen an einem „eigentlichen" Amtsverbrechen, bei dem die Strafbarkeit erst durch die Beamteneigenschaft begründet wird, wegen Teilnahme an diesem Amtsverbrechen. Daß zwischen Amtsverbrechen und ebenso auch militärischen Verbrechen einerseits, Konkursverbrechen andererseits gewisse Ähnlichkeit besteht, ist unverkennbar (vgl. Neumeyer S. 158/59).

[5]) Zweigert § 239 N. 36 S. 1555.

[6]) Zweigert Abschnitt III N. 9a S. 172.

währten Befriedigung durch den Gläubiger.[7]) Aus dem Umstand, daß im Falle solcher notwendigen Teilnahme das Strafgesetz nur die Handlung des einen, nicht aber die notwendige Mitwirkung des andern unter Strafe stellt, wird zumeist gefolgert, daß dieser letztere überhaupt straflos bleiben muß, zum wenigsten insoweit, als seine Handlung wirklich nichts anderes als notwendige Mitwirkung ist.[8]) Darüber hinaus kommen freilich andere zu dem Ergebnis, daß der notwendig Mitbeteiligte, der nicht ausdrücklich für strafbar erklärt ist, auch dann straflos bleibt, wenn er mehr tut, als gerade zu der notwendigen Teilnahme gehört, z. B. wenn der Käufer einer Wahlstimme (§ 243 KO.) den Konkursgläubiger veranlaßt, seine Stimme zu verkaufen, oder wenn der im Sinn des § 241 KO. bevorzugte Gläubiger über die gewissermaßen passive Rolle des bloßen Annehmens der Befriedigung hinausgegangen, den Schuldner zur Gewährung der Befriedigung angestiftet hat.[9])

Daß Teilnahme auch in der Form der Beihilfe nur am vorsätzlichen Bankbruch denkbar ist und ferner, daß der dolus des Anstifters oder des Gehilfen nicht weiter zu reichen braucht als der des Täters, daß also insbesondere auch der Vorsatz des Gehilfen sich nur auf die Bankbruchhandlung selbst ohne Rücksicht auf die Zahlungseinstellung beziehen muß, kann als herrschende Ansicht gelten, nachdem auch das RG. den abweichenden Standpunkt, den es in letzterer Beziehung in der schon erwähnten Entscheidung (E. 27, 316) eingenommen hat, wieder aufgegeben hat.[10])

Der GE. sagt über Teilnahme im allgemeinen an Konkursverbrechen nichts. Nur der Streit über Strafbarkeit der notwendigen Teilnahme am Stimmenverkauf wird durch die ausdrückliche Vorschrift in § 318 Abs. 2: „dieselbe Strafe trifft den, der die besonderen Vorteile gewährt oder verspricht", aus der Welt geschafft. Desgleichen kann nach § 35 GE.[11]) kein Zweifel darüber bestehen, daß die Fälle notwendiger Teilnahme straflos sein sollen, und zwar auch dann, wenn der Teilnehmer mehr tut, als gerade zur notwendigen Teilnahme erforderlich ist, also beispielsweise wenn der Gläubiger den Gemeinschuldner bestimmt, ihn vor

---

[7]) Zu diesen Beispielen siehe u. a. Neumeyer S. 182; Frank § 240 VI S. 676. Der Annahme Wachs (S. 85), daß für das geltende Recht der Mitspieler Gehilfe sein könne, wird im Hinblick auf die entwickelten Grundsätze über notwendige Teilnahme für die Regel der Fälle nicht beigepflichtet werden können.

[8]) Meyer-Allfeld § 37 XI S. 235.

[9]) Frank III. Abschn. V 1 S. 88; Zweigert § 241 N. 11 S. 1579; Neumeyer S. 190 unter beachtenswerten Ausführungen über die Entstehungsgeschichte des Gesetzes! Dagegen gleichwohl in konstanter Rechtsprechung das RG. (s. u. a. E. 20, 214; 39, 134).

[10]) Die Möglichkeit einer Teilnahme an fahrlässiger Straftat wird u. a. von Olshausen § 48 N. 18 § 49 N. 18 bejaht.

[11]) § 35: „Ergibt sich aus dem Gesetz, daß bestimmte Personen straflos sein sollen, wenn sie sich als Gehilfen beteiligen, so sind sie auch straflos, wenn sie sich als Anstifter beteiligen."

den übrigen zu begünstigen. Die allgemeine Bestimmung des § 35 GE. soll der reichsgerichtlichen Praxis, der zufolge in solchen Fällen wegen Anstiftung gestraft werden kann, einen Riegel vorschieben (Begr. GE. S. 55). Nach §§ 32, 33 GE. und der hiezu gegebenen Begründung (S. 52) soll Teilnahme auch an fahrlässigem Vergehen möglich sein. Es mag dahingestellt bleiben, ob hiezu bei den Konkursverbrechen ein Bedürfnis besteht; jedenfalls ist es erwünscht, daß die bisherige Rechtsunsicherheit auf diesem Gebiet durch eine klare Gesetzesvorschrift beseitigt wird.

III. Die Bankerottunterstützung des § 242 KO. hat sowohl mit Täterschaft als Teilnahme Berührungs- und Schnittpunkte. Was zunächst die Beziehungen zwischen Bankerottunterstützung und Täterschaft betrifft, so ist zwar erstere Beteiligung dritter Personen am Bankerott des Schuldners, so daß der Gemeinschuldner selbst sie nicht begehen kann. Dasselbe muß von den in § 244 KO. aufgeführten Gesellschaftsvorständen und Liquidatoren gelten, da gegen sie die Strafvorschriften der §§ 239 bis 241 KO. genau die gleiche Anwendung finden, wie gegen den Gemeinschuldner. Wohl aber besteht diese Möglichkeit bei anderen Vertretern physischer und juristischer Personen, wenn über das Vermögen der von ihnen vertretenen Personen Konkurs ausbricht. Insofern bietet § 242 KO. einigen Ersatz für die unzureichende Bestimmung in § 244, zumal sich der Tatbestand der Bankerottunterstützung demjenigen des strafbaren Bankbruchs des Gemeinschuldners teilweise auch in objektiver Beziehung vollkommen anschließt. § 242 Ziff. 1 deckt sich in seinem objektiven Tatbestand mit dem des § 239 Ziff. 1. Diejenigen Fälle, in denen der nicht unter § 244 fallende gesetzliche Vertreter keine Vermögensstücke beseitigt, sondern die ihm obliegende Buchführungspflicht verletzt, oder eine Handlung begeht, die, wenn der Gemeinschuldner der Täter wäre, als einfacher Bankbruch bestraft werden müßte, können dagegen unter den Tatbestand der Bankerottunterstützung nicht eingereiht werden. Ebenso verhält es sich, wenn der gesetzliche Vertreter die Vermögensstücke nicht im Interesse des von ihm Vertretenen sondern in seinem eigenen Interesse beseitigt.

Über das Verhältnis zwischen Bankerottunterstützung und Teilnahme an Konkursverbrechen des Gemeinschuldners bestehen einige Meinungsverschiedenheiten. Gemeinsam haben Bankerottunterstützung und Teilnahme, daß sie sich nicht auf den eigenen Konkurs sondern den eines Dritten beziehen. Während aber Teilnahme nur möglich ist an der Straftat eines anderen, bei Teilnahme an Konkursverbrechen also an der des Gemeinschuldners, setzt der Tatbestand der Bankerottunterstützung eine solche Handlung des Schuldners nicht voraus. Darüber besteht kein Zweifel. Eine andere Frage aber ist es, ob eine Handlung Bankerottunterstützung sein kann, wenn sie zugleich Teilnahmehandlung ist. Die Möglichkeit wird in der Literatur vielfach verneint und angenommen, daß im

Falle des Zusammentreffens eines Verbrechens nach § 242 mit nahme nur Teilnahme anzunehmen, daß also § 242 nur subsidiär anwendbar sei.[12]) Von anderer Seite wird geltend gemacht, die Annahme einer Gesetzeskonkurrenz sei ausgeschlossen, weil der Tatbestand des § 242 begrifflich den Tatbestand der Beihilfe zum betrüglichen Bankerott keineswegs mit enthalte.[13]) Die Frage ist praktisch von keiner allzu großen Bedeutung, weil auch bei Zulassung von Idealkonkurrenz für das Strafmaß immer § 239 KO. maßgebend ist und nur der Schuldausspruch auch aus § 242 miterfolgen muß.[14])

Das Ergebnis ist, daß eine Strafe aus § 242 KO. nur dann verhängt werden kann, wenn die unter diese Strafvorschrift fallende Tätigkeit des Dritten nicht zugleich Teilnahme ist, mit anderen Worten, wenn der Dritte alleintätig im Konkurs eines anderen eine Straftat begeht, die, wenn sie der Gemeinschuldner begehen würde, strafbarer Bankbruch wäre. Wenn der Dritte dem Schuldner bei der Beiseiteschaffung von Vermögensstücken behilflich ist, wird er nach § 239 Ziff. 1 KO. mit § 49 StG. bestraft; schafft er sie selbst fort, so verfällt er der Strafe des § 242 Ziff. 1 KO., aber nur, wenn er es im Interesse des Schuldners tut; verheimlicht oder beseitigt er im eigenen Interesse, so liegt kein Konkursverbrechen, sondern höchstens eine nach sonstigen Bestimmungen strafbare Handlung vor. In Betracht kommen hauptsächlich Diebstahl und Unterschlagung, die aber, wenn ein naher Angehöriger der Täter ist, fast immer straflos bleiben müssen.

In § 242 Ziff. 2 KO. fällt vor allem auf, daß der Gläubiger, der die erdichtete Forderung geltend macht, ohne Rücksicht darauf strafbar wird, ob er im Interesse des Schuldners oder im eigenen handelt, ferner auch, daß die hier mit Strafe bedrohte Tat keine solche ist, welche objektiv dieselben Merkmale aufweist, wie eine strafbare Handlung des Gemeinschuldners. Das Geltendmachen erdichteter Forderungen ist das gerade Gegenteil vom Anerkennen nicht bestehender Schulden. Nur insofern gehören beide Handlungen zusammen, als die Anerkennung einer erdichteten Forderung ihre Geltendmachung von anderer Seite notwendig voraussetzt. Anerkennt der Schuldner die vom Gläubiger angemeldete erdichtete Forderung, so liegt auf Seite des Gläubigers notwendige Teilnahme an einem Konkursverbrechen nach § 239 Ziff. 2 vor, über deren Strafbarkeit, wie bereits ausgeführt, die Meinungen sehr auseinandergehen. Anerkennt sie der Schuldner nicht, so wird der Gläubiger aus § 242 Ziff. 2 mit Zuchthaus bestraft, obwohl sein

---

[12]) Binding, Lb. 1, 444; Meyer-Allfeld § 104 VIII S. 137; von Liszt § 137 S. 470.

[13]) Zweigert § 242 N. 9 S. 1584; Frank § 242 I S. 681; RGE. 21, 291.

[14]) Die in § 239 angedrohte Strafe ist die schwerere, da trotz der für Beihilfe vorgesehenen Strafermäßigung noch auf Zuchthaus über 10 Jahre erkannt werden kann. § 73 RStG.

Tun in diesem Fall die Interessen der übrigen Gläubiger lange nicht so gefährdet, wie wenn Gläubiger und Schuldner unter einer Decke spielen, so daß es nur schwer möglich ist, den Beweis für das Nichtbestehen der Forderung zu erbringen.

Die dem § 242 KO. entsprechende Strafvorschrift findet sich in § 314 Abs. 2 GE., wonach die für den schweren (vorsätzlichen) Bankbruch angedrohte Strafe auch den trifft, der die bezeichnete Handlung zugunsten des Schuldners begeht. Auch der GE. anerkennt sohin das Bedürfnis für eine eigene Strafvorschrift in den Fällen, in denen ein am Konkurs selbst als Schuldner unbeteiligter Dritter eine Straftat begeht, die, wenn vom Schuldner begangen, als Bankbruch bestraft werden müßte. Da diese Voraussetzung auf die in § 242 Ziff. 2 KO. mit Strafe bedrohte Handlung nicht zutrifft, so entfällt hier nach dem GE. die Strafbarkeit zum wenigsten als Konkursverbrechen. Ein Mangel dürfte darin nicht zu erblicken sein, da ja, wie oben dargelegt, dieselbe Handlung des Gläubigers, wenn sie im Einverständnis des Schuldners erfolgt, als notwendige Teilnahme straflos bleiben muß. Bedenklicher ist es, daß der GE. auch solche Fälle straffrei läßt, in denen der Dritte eine Handlung begeht, die zwar abgesehen von dem Unterschied in der Person des Täters sämtliche Merkmale einer strafbaren Handlung des Gemeinschuldners selbst aufweist, aber nicht das Interesse dieses, sondern das eigene des Dritten verfolgt. Die Beseitigung von Vermögensstücken durch den Dritten, etwa die Ehefrau des Schuldners, muß ebenso wie nach geltendem Recht auch nach dem GE. straflos bleiben, wenn diese Verheimlichung nicht im Interesse des Schuldners, sondern dem der Täterin selbst erfolgt. Im Hinblick auf § 247 StGB. kann dann die Tat auch als Aneignungsdelikt nicht bestraft werden! — Aus welchen Erwägungen heraus die Verfasser des Gegenentwurfs davon Abstand genommen haben, die bezeichneten Fälle unter die Konkursverbrechen einzureihen, ist aus der Begründung selbst nicht erkennbar. Richtig ist, daß da, wo der Dritte nicht im schuldnerischen Interesse handelt, die von ihm begangene Tat mit den typischen Merkmalen eines Konkursverbrechens nur geringe Verwandtschaft mehr aufweist, daß zum mindesten darauf die Bezeichnung „Bankbruch u n t e r s t ü t z u n g" nicht mehr paßt, daß schließlich die Bedenken, welche schon gegen Strafbarkeit der Teilnahme laut werden, hier in verschärftem Maße wiederkehren. Während sie dort mit dem Hinweis auf die unselbständige Natur der Teilnahme beschwichtigt werden können, kann dieser Gesichtspunkt hier, wo der Täter nicht einmal im Interesse des Schuldners handelt, nicht mehr geltend gemacht werden. Andererseits sind sich sowohl Vorentwurf als GE. darüber einig, daß die Teilnahme mehr als nach geltendem Recht ihrer unselbständigen Natur entkleidet werden muß; auch wird es sich fragen, ob überhaupt Bedenken, wie die eben besprochenen, die doch mehr theoretischer Natur sind, hinter dem praktischen Bedürfnis nicht zurücktreten müssen.

Dahingestellt mag auch noch bleiben, ob es richtig ist, den Dritten, der die den Schuldner begünstigende Tat begeht, genau so zu bestrafen ist, als ob der Schuldner selbst die Tat begangen hätte, wie dies der GE. vorschlägt, ob es sich nicht vielmehr empfiehlt, für solche Fälle die gleiche Strafermäßigung eintreten zu lassen, die für die Teilnahmehandlung (Beihilfe) vorgesehen ist. Denn ob der Dritte dem Schuldner bei der Beseitigung von Vermögensstücken behilflich ist, oder ob er sie selbst im schuldnerischen Interesse beiseiteschafft, kann für die strafrechtliche Beurteilung keinen Unterschied ausmachen.

§ 6. Versuch und Verjährung.

Der Versuch ist nach geltendem Recht Strafmilderungsgrund beim betrüglichen Bankerott sowie der Bankerottunterstützung, beim einfachen Bankerott sowie den anderen Konkursverbrechen Grund dafür, daß die Tat überhaupt straffrei bleibt, weil sie nur als Vergehen behandelt wird. Nach dem GE. ist der Versuch bei sämtlichen Konkursdelikten strafbar. Eine Ausnahme hievon macht nur die unterlassene Stellung des Konkursantrags sowie — selbstverständlich — die fahrlässige Begehung (§§ 315, 316 Abs. 3, 319 GE.). Straflos wie nach geltendem Recht ist sohin der Versuch des einfachen (fahrlässigen) Bankbruchs; der des schweren Bankbruchs ist strafbar, obwohl er wenn nicht aus Gewinnsucht begangen, nur Vergehen ist. Die Strafbarkeit des Versuchs ist zwar in § 314 nicht ausdrücklich ausgesprochen, sie ergibt sich jedoch aus § 27 GE. ohne weiteres, da die angedrohte Gefängnisstrafe 6 Monate übersteigt. Es ist hier nicht der Ort, zu untersuchen, ob der Standpunkt des GE., daß der Versuch in der Regel auch bei Vergehen bestraft wird, berechtigt ist, — es lassen sich dafür in der Tat gewichtige Gründe anführen;[1]) — an der Notwendigkeit, den Versuch des schweren Bankbruchs ganz abgesehen von diesen allgemeinen Erwägungen für strafbar zu erklären, auch wenn er nur Vergehen ist, dürfte wohl nicht zu zweifeln sein. Der GE. gestaltet den Bankbruch als Erfolgsdelikt, die Bestrafung des Täters wegen vollendeten Delikts kann also nur dann eintreten, wenn durch die Tat die Gläubiger tatsächlich in ihren Rechten verkürzt sind, während zurzeit die bloße Absicht der Gläubigerbenachteiligung genügt. Um zu verhüten, daß diejenigen Schuldner, deren strafbare Handlung aus irgendwelchen zufälligen Gründen nicht von dem gewünschten Erfolg begleitet war, straflos ausgehen, muß der Versuch strafbar sein. Diese Notwendigkeit besteht auch deshalb, weil der Nachweis, daß die Handlung des Schuldners in der Tat benachteiligend für den Gläubiger ist, nicht immer zu erbringen sein wird.[2]) Der Umstand, daß die

[1]) von Liszt § 46 VI Anm. 12 S. 211.
[2]) Zu vgl. VE. Begr. S. 815.

Benachteiligung der Gläubiger wieder abgewendet wird, z. B. dadurch, daß die vom Schuldner verheimlichten Vermögensstücke nach Eröffnung des Verfahrens entdeckt werden, dürfte der Annahme eines vollendeten Delikts, wie noch bemerkt sei, so wenig entgegenstehen, wie der Annahme vollendeten Diebstahls der Umstand, daß die gestohlenen Gegenstände wieder aufgefunden werden. Dauernd muß der schädigende Erfolg der Angriffshandlungen im Tatbestand der Konkursverbrechen nur insoweit sein, als er zur Zeit der Konkurseröffnung usw. noch fortbestehen muß.

Es ist nun noch erforderlich, kurz auf die Streitfrage einzugehen, wann strafbarer Versuch überhaupt anzunehmen ist, ob insbesondere zur Strafbarkeit gehört, daß der Konkurs bereits eröffnet, die Zahlungen bereits eingestellt sind. Wer Zahlungseinstellung und Konkurseröffnung als Tatbestandsmerkmal ansieht, kann, solange dieses Merkmal noch nicht erfüllt ist, gleichwohl strafbaren Versuch annehmen, und zwar sowohl wenn der Schuldner die Bankbruchhandlung selbst vollendet, Vermögensstücke beseitigt, verheimlicht, erdichtete Forderungen aufgestellt hat usw. als auch wenn er diese Handlung zwar begonnen, aber nicht zur Ausführung gebracht hat. Ersterenfalls liegt vollendeter, letzterenfalls unvollendeter Versuch vor.[3]) Wer dagegen Zahlungseinstellung und Konkurseröffnung Strafbarkeitsbedingungen nennt, kann Bestrafung, gleichviel ob die Tat zur Ausführung gelangt ist oder nicht, nur eintreten lassen, wenn die Strafbarkeitsbedingung gegeben, der Konkurs eröffnet, die Zahlungen eingestellt sind. Die Annahme eines vollendeten Versuchs scheidet für ihn überhaupt aus, da sämtliche Tatbestandsmerkmale bereits erfüllt sind, wenn der Schuldner in der Absicht der Gläubigerbenachteiligung die Bankbruchhandlung ausgeführt hat. Unvollendeter Versuch ist selbstverständlich denkbar, auch wenn Zahlungseinstellung usw. zur Zeit der Tatbegehung nicht gegeben ist, strafbar aber wird er nur, wenn diese Voraussetzungen wenigstens nachträglich eintreten.[4])

Die Ausdrucksweise des GE.: „Ein Schuldner...... wird mit Gefängnis bestraft, wenn über sein Vermögen das Konkursverfahren eröffnet ist," läßt keinen Zweifel darüber aufkommen, daß Konkurseröffnung und die ihr gleich zu erachtenden Umstände Bedingungen der Strafbarkeit, kein Tatbestandsmerkmal sein und noch weniger zum Erfolg der Handlung gehören sollen. Sowohl das vollendete als auch das versuchte Verbrechen können daher auch nur unter dieser Voraussetzung bestraft werden. Es könnte fraglich erscheinen, ob diese Lösung der Streitfrage unter allen Umständen befriedigt. Abgesehen davon, daß sich die Verfasser des GE. damit einigermaßen in Widerspruch mit ihrer sonstigen Auffassung über

---

[3]) Neumeyer a. a. O. S. 173; Frank § 239 V S. 670; RGE. 13, 41.

[4]) v. Liszt § 137 II S. 467; Meyer-Allfeld § 104 VI S. 535; Zweigert § 239 N. 35 S. 1554. Im Ergebnis auch Wach S. 67.

die Strafwürdigkeit des Versuchs gesetzt haben, dürfte in der Tat in manchen Fällen ein unabweisliches Bedürfnis bestehen, eine Bestrafung wegen versuchten Bankbruchs eintreten zu lassen, auch wenn es zu letzterem nicht kommt. Aus diesem praktischen Bedürfnis heraus hat das RG. ja diese Möglichkeit sogar für das geltende Recht bejaht, soweit bekannt freilich nur in einem einzigen Falle (s. o.); immerhin sind auch keine gegenteiligen späteren Entscheidungen ergangen. Dem Urteil lag die Feststellung zugrunde, daß der Täter mit dem Willen, die Zahlungen einzustellen, absichtlich zur Benachteiligung seiner Gläubiger Vermögensstücke beiseite schaffte oder zu schaffen versuchte. In der Tat dürfte kein Grund aufzufinden sein, warum eine derartige Handlungsweise nicht zum wenigsten als versuchter Bankbruch soll bestraft werden können. Die Möglichkeit hiezu dürfte nach dem GE. aber doch fast immer vorliegen: Zahlungseinstellung und Konkurseröffnung sind nicht die einzigen Strafbarkeitsbedingungen, die er aufstellt. Es genügt schon die Eröffnung von Vergleichsverhandlungen zur Abwendung der Zahlungsunfähigkeit (gleichviel ob diese echt oder simuliert ist!).

IV. Der Strafaufhebungsgrund der Verjährung bietet als solcher keinen Anlaß zu Erörterungen. Große Meinungsverschiedenheit herrscht aber darüber, von wann an die Verjährung der Strafverfolgung für die Konkursverbrechen ihren Lauf beginnt. Im wesentlichen ist die Entscheidung dieser Frage unabhängig davon, ob man Zahlungseinstellung und Konkurseröffnung als Bedingungen der Strafbarkeit oder als Tatbestandsmerkmale ansieht. Die herrschende Lehre nimmt an, daß ein Strafverfolgungsanspruch (trotz § 67 Abs. 4 StGB.!) erst verjähren könne, wenn er bereits entstanden ist. Da bei den Konkursverbrechen der Strafanspruch erst mit der Zahlungseinstellung oder Konkurseröffnung entsteht, kann von da an nach dieser Ansicht auch die Verjährung des Strafanspruchs erst beginnen. Zum gleichen Ergebnis gelangt man, wenn man Zahlungseinstellung und Konkurseröffnung für Tatbestandsmerkmale in dem Sinne erklärt, daß die Bankbruchhandlung an sich strafrechtlich bedeutungslos ist und erst in Verbindung mit einem dieser Merkmale den Tatbestand einer strafbaren Handlung begründet.[5]) Dagegen gelangen die Vertreter der Ansicht, die in Zahlungseinstellung und Konkurseröffnung eine objektive Bedingung der Strafbarkeit erblicken und zugleich die oben wiedergegebene Auffassung über Beginn der Verjährung erst nach Entstehung des Strafverfolgungsanspruchs ablehnen, dazu, daß die Verjährung bereits mit dem Abschluß der Bankbruchhandlung beginnt.[6]) Die Streitfrage ist durch den GE. nicht gelöst. Da

[5]) Zweigert § 239 N. 35 S. 1555; RGA. 6, 12 bei Daude 9. Aufl. § 67 N. 35; Neumeyer S. 172, 173; von Liszt § 137 II 3 S. 467 (anscheinend im Gegensatz zu der S. 198, 297 vertretenen Anschauung).

[6]) Meyer-Allfeld § 104 VI S. 536; im Ergebnis übereinstimmend Frank § 239 VI S. 671; anscheinend auch Wach S. 69.

sie aber für die Praxis durch die Rechtsprechung des RG. entschieden ist, kann hierin ein Mangel des Entwurfes nicht erblickt werden. Zu mißlichen Ergebnissen führt die Annahme, daß der Lauf der Verjährung schon mit Begehung der Bankbruchhandlung beginnt, übrigens nur dann, wenn zwischen dieser Handlung und der Zahlungseinstellung ein größerer Zeitraum liegt, weil dann die Möglichkeit besteht, daß schon zu dem Zeitpunkt, in dem eine Bestrafung überhaupt erst eintreten kann, die Tat verjährt ist. Andererseits wird aber von Handlungen, welche solange Zeit vor Zahlungseinstellung liegen, daß sie inzwischen verjähren konnten, nur ganz selten behauptet werden können, daß sie die Gläubiger benachteiligt haben oder daß diese nachteilige Wirkung dem Schuldner zugerechnet werden darf.

Schlußbetrachtung.

Ziehen wir das Ergebnis aus unseren Erörterungen, so dürfte unzweifelhaft feststehen, daß der GE. gegenüber dem geltenden KStR. eine Reihe wichtiger Verbesserungen bringt. Viele Mängel, die unser geltendes Recht aufweist, sind, wie wir gesehen haben, allerdings durch die Rechtsprechung, mehr oder weniger ausgeglichen, daneben aber gibt es doch noch recht viele und gewichtige solcher Mängel, bei denen der Versuch, im Wege der Gesetzesauslegung abzuhelfen, an der absoluten Unzulänglichkeit des Gesetzes scheitern bzw. erst recht zur Rechtsunsicherheit führen muß. Ganz besonders gilt dies von den Bemühungen des Reichsgerichts, zwischen Zahlungseinstellung (Konkurseröffnung) und Angriffshandlung den unerläßlichen, vom Gesetz nicht vorgeschriebenen Zusammenhang zu finden. Ebensowenig kann von der Rechtsprechung im Tatbestand des betrüglichen Bankerotts der eventuelle Vorsatz für strafbar erklärt, auf der anderen Seite der vollkommen unangebrachte und verunglückte Tatbestand der Gläubigerbegünstigung aus der Welt geschafft, die Unbilligkeiten im Tatbestand der Schuldnerbegünstigung (insbesondere § 242 Ziff. 2!) beseitigt werden. Beim besten Willen kann es ferner nicht gelingen, so manche als straf w ü r d i g zu bezeichnenden Angriffshandlungen in der kasuistischen Aufzählung der vom Gesetz als straf b a r bezeichneten Handlungen unterzubringen, die Täterschaft gesetzlicher Vertreter des Gemeinschuldners auch abgesehen von den in § 244 KO. bereits aufgeführten anzuerkennen. Die meisten dieser und anderer Mängel unseres geltenden Rechts beseitigen zu wollen, ist ein großes Verdienst der Verfasser des GE., das auch von den gesetzgebenden Faktoren gebührend anerkannt werden und jedenfalls dazu führen sollte, daß bei der bevorstehenden Reform unseres gesamten deutschen Strafrechts das Konkursstrafrecht einbezogen, an den hierauf abzielenden Vorschlägen des GE. nicht achtlos vorübergegangen wird.

Selbstverständlich ist auch der GE. nicht frei von allen Mängeln. Das erklärt sich zum Teil schon daraus, daß in ihm die Vertreter verschiedener wissenschaftlicher Richtungen zum Wort kommen, von denen jeder, um überhaupt zu einem praktischen Ergebnis zu gelangen, wenn nicht einen Teil seiner Überzeugung preisgeben, so doch seine Sonderansichten und Sonderwünsche zurückstellen mußte. Einer der hauptsächlichsten Mängel des GE. ist wohl, daß der subjektive Zusammenhang zwischen Angriffshandlung und Konkurseröffnung in ihm ebenso fehlt, wie im geltenden Recht. Die Lösung der Frage, wie dieser Zusammenhang hergestellt werden kann, sollte unter allen Umständen noch gefunden werden und zwar in einer Weise, daß dabei sowohl die Interessen des Schuldners, als auch diejenigen der Gläubiger und der Allgemeinheit entsprechend berücksichtigt werden. Ob dies auf dem in § 1 vorgeschlagenen Wege geschehen kann, soll völlig dahingestellt bleiben; jedenfalls darf der subjektive Tatbestand nicht so weit eingeschränkt werden, daß darüber eine Bestrafung wegen Konkursverbrechen praktisch überhaupt nur mehr in Ausnahmefällen eintreten kann. Verdient ja doch bei einer Reform unseres Konkursstrafrechts neben der Beseitigung von Unbilligkeiten und Härten für den Täter, vor allem auch das Interesse der geschädigten Gläubiger besondere Berücksichtigung. Gesetz und Recht der Gegenwart werden in weitreichendem Maße von der Tendenz der Fürsorge für die wirtschaftlich schwachen Elemente beherrscht. So lobenswert dieses Bestreben ist, so berechtigt es auch erscheint, den Schuldner vor der gänzlichen Verarmung zu bewahren: berechtigte Interessen der Gläubiger dürfen darüber auch nicht zu Schaden kommen und insbesondere darf ihnen ausreichender Schutz gegen böswillige Schuldner nicht versagt werden.

Nun trägt ja gewiß der GE. dadurch, daß er das Erfordernis eines subjektiven Zusammenhangs zwischen Angriffshandlung und Konkurseröffnung nicht aufstellt, den Gläubigerinteressen Rechnung, ob er es auch sonst in jeder Beziehung tut, erscheint einigermaßen fraglich. Vor allem wäre zu erwägen, ob er nicht mit der Herabsetzung der Strafrahmen allzu weit gegangen ist. Bedauerlich ist ferner, daß der Entwurf die Vorschläge Wach's bezüglich der Bestrafung von Verfehlungen gegen prozessuale Vorschriften der KO., insonderheit gegen die Offenbarungspflicht (§§ 100, 125 KO.) einschließlich der Präsenzpflicht (§ 101 KO.), gegen den Entzug der Verwaltungs- und Verfügungsgewalt nach Eröffnung des Konkursverfahrens (§§ 6 und 7 KO.) und schließlich auch gegen die dritten Personen auferlegte Anzeige- und Ablieferungspflicht (§§ 118, 119 KO.) nicht berücksichtigt hat. Dem Verlangen Wach's, für den Verstoß gegen diese Vorschriften besondere Ordnungsstrafen einzuführen,[1]) muß ohne Vorbehalt zugestimmt werden.

[1]) Wach S. 91 ff.

Die Bankerottstrafen können auf solche Fälle nur angewendet werden, wenn die Handlung des Schuldners gleichzeitig auch einen schuldhaften Angriff auf die Gläubigerrechte darstellt; nicht um einen solchen handelt es sich aber bei den Prozeßdelikten, sondern einfach um eine pflichtwidrige und gewollte Verletzung von Prozeßgeboten. Daß die Verfasser des GE. sich von der Notwendigkeit des Erlasses von Strafvorschriften in dieser Richtung nicht sollten überzeugt haben können, ist kaum zu glauben, vielmehr ist anzunehmen, daß sie von Einarbeitung dieser Vorschriften in den GE. lediglich aus dem formellen Grund abgesehen haben, weil sie sich auf den Standpunkt stellen, daß Polizeiübertretungen — und um solche handelt es sich hier — nicht in das Strafgesetzbuch, sondern in das neuzuschaffende Reichspolizeistrafgesetzbuch hineingehören.[2])

Wieder auf anderem Gebiet liegt es, wenn in unserer KO. bisher eine Prozeßvorschrift des Inhalts fehlt, daß der Gemeinschuldner unter gewissen Voraussetzungen verpflichtet ist, selbst Antrag auf Konkurseröffnung zu stellen, wie dies in verschiedenen Nebengesetzen für Vertreter juristischer Personen bereits vorgeschrieben ist. Mangels des Bestehens einer solchen Prozeßvorschrift ist es natürlich auch nicht möglich, eine Strafvorschrift auf nicht rechtzeitige Stellung des Konkurseröffnungsantrags einzuführen. Es darf jedoch darauf hingewiesen werden, daß in den Kreisen von Handel und Industrie die Einfügung einer solchen Prozeß- samt einer entsprechenden Strafvorschrift als dringend wünschenswert vielfach bezeichnet wird. Natürlich kann an eine so weitgehende und unklare Vorschrift, wie sie § 486 ÖsterrStGB. enthält, nicht gedacht werden: darnach macht sich jeder strafbar, der nicht rechtzeitig Antrag auf Konkurseröffnung stellt. Einen praktisch gangbareren Weg zeigt dagegen schon § 369 Ziff. 2 des Vorentwurfs zu einem ÖsterrStGB. Darnach wird bestraft, wer „fahrlässig seine Gläubiger oder einen Teil dadurch benachteiligt, daß er nach Eintritt der Unfähigkeit, sie voll zu befriedigen, in Kenntnis dieses Umstandes .... den Konkurs nicht rechtzeitig anmeldet". Das Richtigste wird es wohl sein, dem Schuldner wahlweise die Verpflichtung entweder zur Benachrichtigung seiner Gläubiger oder aber zur Stellung des Antrags auf Konkurseröffnung aufzuerlegen und die Verletzung dieses Gebots mit angemessener Strafe zu bedrohen. Strafschärfungsgrund müßte es sein, wenn die Unterlassung der Antragstellung für die Gläubiger mit Nachteilen verbunden war. Die Strafverfolgung wäre davon abhängig zu machen, daß von Seite eines der nicht benachrichtigten Gläubiger Strafantrag gestellt wird. Die Formulierung als Antragsdelikt ist notwendig, weil dem Gericht nicht zugemutet werden kann, zu prüfen, ob der Schuldner der Verpflichtung, seine sämtlichen Gläubiger rechtzeitig über seinen Vermögenszusammenbruch zu verständigen,

---

[2]) Vgl. GE. Vorwort S. V, VI.

nachgekommen ist. Schwierigkeiten bereitet hauptsächlich die Festlegung des Zeitpunktes, von dem an dem Schuldner die Verpflichtung zur Anzeige bzw. Antragstellung treffen soll. Die Verpflichtung, erst im Zeitpunkt der Zahlungsunfähigkeit eintreten zu lassen, würde für die Gläubiger keinen genügenden Schutz schaffen; andrerseits wird Vorsorge getroffen werden müssen, daß dem Schuldner bei einer geringfügigen Überschuldung die Möglichkeit bleibt, sich ohne außergerichtlichen Vergleich oder Zahlungseinstellung wieder in die Höhe zu arbeiten, weil andernfalls eine unnötige Vermehrung der Zahlungseinstellungen die Folge sein müßte. Ein Ausweg könnte vielleicht gefunden werden, wenn man bestimmt, daß die Überschuldung eine gewisse Höhe, vielleicht mehr als 50 %, erreicht haben muß; Schwierigkeiten für die richterliche Feststellung würde diese Begrenzung wohl kaum bieten, denn aus den Handelsbüchern muß sich ja der Überschuldungsgrad in jedem Zeitpunkt unschwer feststellen lassen. Voraussetzung der Strafbarkeit wäre, daß der Schuldner seine Zahlungsunfähigkeit oder auch den 50 % übersteigenden Grad seiner Überschuldung kennt. Bei Vollkaufleuten wäre fahrlässige Unkenntnis dieses Überschuldungsgrades der tatsächlichen Kenntnis gleichzuachten. Bedingung der Strafbarkeit müßte wohl auch bei diesem Delikt Konkurseröffnung oder die ihr gleichzuachtenden Tatsachen sein.

Noch auf einen weiteren Wunsch, den man in Handelskreisen hinsichtlich der prozessualen Behandlung der Konkursverbrechen vielfach hegt, sei hier hingewiesen. Es wird — wohl mit Recht — gefordert, daß bei der Reform der Strafprozeßordnung die Zuständigkeit der Schwurgerichte beim betrüglichen Bankerott ausgeschlossen werden soll. An sich ist sicher nicht das mindeste dagegen einzuwenden, wenn die Fälle des betrüglichen Bankerotts von sachverständigen Laienrichtern gewürdigt werden: solange jedoch für die Verteidigung das Recht besteht, die nicht genehmen Geschworenen ohne Grundabgabe abzulehnen, werden die auf Grund der Ausübung dieses Ablehnungsrechtes zumeist übrigbleibenden ländlichen Geschworenen nur selten in der Lage sein, sich ein zutreffendes Urteil darüber zu bilden, ob gegebenenfalls die schwierigen und komplizierten Tatbestandsmerkmale des betrüglichen Bankerotts erfüllt sind.

Anlage.

Gegenentwurf zum Vorentwurf eines deutschen Strafgesetzbuchs.

23. Abschnitt.

Benachteiligung von Gläubigern.

§ 313 (293). Vollstreckungsvereitelung.

Ein Schuldner, der die Befriedigung des Gläubigers im Wege der Zwangsvollstreckung dadurch vereitelt, daß er Bestandteile seines Vermögens veräußert, beschädigt oder beiseite schafft, wird mit Gefängnis oder mit Geldstrafe bis zu zehntausend Mark bestraft.

Dieselbe Strafe trifft den, der die vorbezeichnete Handlung zugunsten des Schuldners begeht.

Die Verfolgung tritt nur auf Antrag ein.

§ 314 (KO. §§ 239 Ziff. 1, 2; 241, 242). Schwerer Bankbruch.

Ein Schuldner, der die Gläubiger dadurch benachteiligt, daß er Bestandteile seines Vermögens veräußert, beschädigt oder beiseite schafft oder Schulden eingeht oder vorspiegelt, wird mit Gefängnis bestraft, wenn über sein Vermögen das Konkursverfahren eröffnet worden ist.

Dieselbe Strafe trifft den, der die vorbezeichnete Handlung zugunsten des Schuldners begeht.

Handelt der Täter aus Gewinnsucht, so ist die Strafe Zuchthaus bis zu fünf Jahren.

Der Konkurseröffnung stehen gleich die Zahlungseinstellung, die Abweisung des Eröffnungsantrags wegen Unzulänglichkeit der Konkursmasse und die Eröffnung von Vergleichsverhandlungen zur Abwendung der Konkurseröffnung oder Zahlungseinstellung.

§ 315 (KO. § 240 Ziff. 1). Einfacher Bankbruch.

Ein Schuldner, der fahrlässig die Gläubiger dadurch benachteiligt, daß er durch Aufwand, Spiel, Wette, Differenz- oder Börsentermingeschäfte übermäßige Summen verbraucht oder schuldig wird, wird mit Gefängnis bis zu einem Jahre oder Geldstrafe bis zu fünftausend Mark bestraft, wenn über sein Vermögen das Konkursverfahren eröffnet worden ist.

§ 314 Abs. 4 findet Anwendung.

§ 316 (KO. §§ 239 Ziff. 3, 4; 240 Ziff. 3, 4). Verdunkelung des Vermögensstandes.

Wer die Übersicht über seinen Vermögensstand dadurch verdunkelt, daß er seine Handelsbücher beschädigt, unterdrückt, unrichtig führt oder verändert oder eine unrichtige Bilanz aufstellt, oder daß er die ihm gesetzlich obliegende Pflicht zur Führung von Handelsbüchern oder zur Aufstellung einer Bilanz verletzt, wird mit Gefängnis bestraft, wenn über sein Vermögen das Konkursverfahren eröffnet worden ist.

Handelt der Täter aus Gewinnsucht, so ist die Strafe Zuchthaus bis zu fünf Jahren.

Ist die Handlung fahrlässig begangen, so ist die Strafe Gefängnis bis zu einem Jahre oder Geldstrafe bis zu fünftausend Mark.

§ 314 Abs. 4 findet Anwendung.

§ 317 (Ges. über Sicherung der Bauforderungen von 1909, §§ 5, 6). Benachteiligung und Gefährdung von Baugläubigern.

Baugeldempfänger, die durch vorschriftswidrige Verwendung des Baugeldes die Baugläubiger benachteiligen, werden mit Gefängnis bestraft, wenn über ihr Vermögen das Konkursverfahren eröffnet worden ist.

Zur Führung eines Baubuchs gesetzlich verpflichtete Personen, welche die Übersicht über die Verwendung der zur Bestreitung der Baukosten zugesicherten Mittel dadurch erschweren, daß sie das Baubuch beschädigen, unterdrücken, verändern, unrichtig oder unordentlich führen oder zu führen unterlassen, werden mit Gefängnis bis zu einem Jahre oder mit Geldstrafe bis zu fünftausend Mark bestraft, wenn über ihr Vermögen das Konkursverfahren eröffnet worden ist.

§ 314 Abs. 4 findet Anwendung.

§ 318 (KO. § 243; Ges., betr. Rechte der Besitzer von Schuldverschreibungen von 1899, § 23). Stimmenverkauf.

Wer sich besondere Vorteile dafür gewähren oder versprechen läßt, daß er bei einer Abstimmung der Konkursgläubiger oder in einer auf Grund des Gesetzes, betreffend die gemeinsamen Rechte der Besitzer von Schuldverschreibungen, vom 4. Dezember 1899 (RGBl. S. 691) berufenen Gläubigerversammlung in einem gewissen Sinne stimme oder an der Abstimmung nicht teilnehme, wird mit Gefängnis bis zu einem Jahre oder mit Geldstrafe bis zu fünftausend Mark bestraft.

Dieselbe Strafe trifft den, der die besonderen Vorteile gewährt oder verspricht.

§ 319 (HGB. §§ 315 Ziff. 2; 325 Ziff. 8, 9; GenG. § 148 Ziff. 2; Ges., betr. die G. m. b. H. § 84; Ges., betr. die privaten Versicherungsunternehmungen § 109). Unterlassene Stellung des Konkursantrags.

Die gesetzlichen Vertreter einer juristischen Person werden mit Gefängnis bis zu sechs Monaten oder mit Geldstrafe bis zu eintausend Mark bestraft, wenn sie vorsätzlich oder fahrlässig unterlassen, der ihnen bei Zahlungsunfähigkeit oder Überschuldung der juristischen Person gesetzlich obliegenden Pflicht gemäß die Eröffnung des Konkursverfahrens zu beantragen oder der Aufsichtsbehörde Anzeige zu machen.

FSC
www.fsc.org
MIX
Papier | Fördert gute Waldnutzung
FSC® C083411

Kolibri 360 GmbH
Ferdinand-Jühlke-Straße 7
99095 Erfurt, Deutschland
produktsicherheit@kolibri360.de